W0356094

Aus dem Programm Huber
Psychologie Sachbuch

Von **Gustav Keller** ist bei Hans Huber früher erschienen:

Fit im Beruf
Erfolgreich arbeiten, lernen und kommunizieren
2000, 136 Seiten
(ISBN 3-456-83485-3)

Ein Trainingsprogamm für alle Berufstätigen mit zahlreichen Übungen und hilfreichen Tipps. Vermittelt wirksame Arbeitstechniken, erfolgreiche Lernmethoden und Anti-Stress-Strategien. Hilft bei der Verbesserung der Kommunikation mit Kollegen und Kunden.

Gustav Keller

Ich will nicht lernen!

Motivationsförderung in Elternhaus und Schule

Verlag Hans Huber
Bern · Göttingen · Toronto · Seattle

Adresse des Autors:
Dr. Gustav Keller
Eberhardtstraße 26/2
D-89073 Ulm

Die Deutsche Bibliothek – CIP-Einheitsaufnahme

Keller Gustav:
Ich will nicht lernen! : Motivationsförderung in Elternhaus und Schule /
Gustav Keller – 1. Aufl.. – Bern ; Göttingen ; Toronto ; Seattle : Huber, 2001
(Aus dem Programm Huber: Pschologie-Sachbuch)
ISBN 3-456-83535-3

1. Auflage 2001

Internet: http://Verlag.HansHuber.com
E-Mail: verlag@hanshuber.com
Lektorat: Dr. Peter Stehlin
Herstellung: Daniel Berger
Umschlaggestaltung: Atelier Mühlberg, Basel
Satz: Sbicca & Raach sagl, Lugano
Druck und buchbinderische Verarbeitung: Druckhaus Beltz, Hemsbach
Printed in Germany

Inhaltsverzeichnis

Einleitung

«Das Schlaraffenland ist ein märchenhaftes Schlemmerland, in dem Milch und Honig fließen. Die gebratenen Tauben fliegen einem in den Mund, wenn man Hunger hat. Die Faulheit ist eine Tugend und Fleiß ist ein Laster. Alle Wünsche gehen in Erfüllung und – man muss überhaupt nichts dafür tun. In unserer Wohlstandsgesellschaft lebt ein nicht unbeträchtlicher Teil unserer Kinder in einem solchen Schlaraffenland oder in einem schlaraffenlandsähnlichen Zustand.»

Holger Wyrwa

Die Schulleistungen unserer Kinder und Jugendlichen hängen zum einen von ihrer Intelligenz ab, zum anderen aber auch von ihrer Motivation. Kurz gesagt, Leistung ergibt sich aus Können und Wollen.

Wie aus pädagogisch-psychologischen Studien eindeutig hervorgeht, ist in den letzten fünfzig Jahren das Intelligenzniveau der Kinder und Jugendlichen nicht gesunken. Im Gegenteil: Es hat eher zugenommen. Einen ersten Beweis hierfür erbrachte der neuseeländische Wissenschaftler James Flynn, weshalb dieses Phänomen auch als Flynn-Effekt bezeichnet wird (siehe Neisser 1998).

Was sich aber deutlich verschlechtert hat, ist die Lernmotivation. Dieses Problem lässt sich ersehen aus schulpsychologischen Beratungsstatistiken, aus Kinder- und Jugendumfragen und aus entwicklungspsychologischen Studien. Die Rede ist von Konsumkindern, Wohlstandsopfern und jungen Schlaraffianern.

Ich möchte diesen Befund nicht dramatisieren, da meiner schulgeschichtlichen Studie «Das Klagelied vom schlechten Schüler» (Keller 1989) zu entnehmen ist, dass die Faulheit auch in vergangenen Schulepochen ein ernsthaftes Problem war. Dies zu wissen kann durchaus tröstlich sein. Andererseits ist es aber auch nicht richtig, gelassen abzuwarten, bis aus Faulheit irgendwann einmal Fleiß wird. Diese Spontanheilungen, so meine langjährigen Erfahrungen als Schulpsychologe, sind im Motivationsbereich eher selten. Wenn jemand die Steuerung seiner seelischen Energien partout nicht lernen möchte, wird er es nicht nur in der Schule, sondern auch im Leben sehr schwer haben. Solang er noch Kind oder Jugendlicher ist, wird er im familiären Schlaraffia sicherlich versorgt werden, auch wenn er den Erwartungen seiner Eltern und der Gesellschaft nicht entspricht. Je näher aber der Zeitpunkt der selbstständigen Lebensmeisterung aber kommt, desto folgenreicher werden die Störungen der jungen Schlaraffianer sowohl für die Beziehungen zu ihren Eltern als auch für die weitere Persönlichkeitsentwicklung.

Vor dem Hintergrund meiner jahrzehntelangen Beratungserfahrungen möchte ich allen Lehrerinnen und Lehrern sowie Eltern aufzeigen

- wie bedeutsam die Lernmotivation für den Schulerfolg ist,
- wie das Erscheinungsbild von Motivationsstörungen aussieht,
- welche Ursachen diesen zu Grunde liegen und
- welche Möglichkeiten der Motivationsförderung es gibt.

Viele dieser Anregungen und Anleitungen können sowohl zur Vorbeugung als auch zur ersten pädagogischen Hilfe verwendet werden.

Ich hoffe, liebe Leserinnen und Leser, dass ich Ihnen die schwierige Arbeit des Motivierens erleichtern helfen kann. Gehen Sie mit viel Geduld an diese schwierige pädagogische Kernaufgabe. Im Bereich der Motivationsförderung ist der Fortschritt kein Känguru, sondern eine zielorientierte Schnecke.

1. Das Klagelied vom faulen Schüler

«Sie scheinen jetzt das Wohlleben zu lieben, haben schlechte Manieren und verachten die Autorität, sind Erwachsenen gegenüber respektlos und verbringen ihre Zeit damit, herumzulungern und miteinander zu plaudern.»

Sokrates

Seit dem Beginn der Schulgeschichte vor 5 000 Jahren steht das Lern- und Arbeitsverhalten der Kinder und Jugendlichen in der Kritik (Keller 1989). Es wird bemängelt, dass sie sich nicht anstrengen wollen, den Müßiggang lieben und wenig Sinn im schulischen Lernen sehen. Im Folgenden wird Kulturepoche für Kulturepoche aufgezeigt, wie die Erwachsenen die Lernmotivation der Schülerinnen und Schüler[1] jeweils erlebt haben. Die Recherchen beginnen in den ersten Schulhäusern der Menschheit und enden in der Jetztzeit.

Mesopotamien

Vor etwa 5 000 Jahren wurden in Sumer die ersten Schulen eingerichtet, um die Kultur systematisch zu tradieren. Die Schüler schrieben mit keilförmigen Griffeln auf Tontafeln. Die ersten Schulhäuser hießen deshalb Tafelhäuser, die Lehrer Väter des Tafelhauses. Die Schule wurde vom 9. bis 14. Lebensjahr besucht. Auf dem Lehrplan standen Lesen, Schreiben, Rechnen, Zeichnen und Religion. Die Tafelhausliteratur, auf circa 20 000 Tontäfelchen aufgezeichnet, enthält relativ viel Schülerkritik. Geklagt wird über schlechte Schrift, Lernrückstände und schlechtes Betragen. Eine dieser Klagen lautet wörtlich: «Die heu-

[1] Bis zum Ende des Mittelalters waren die Schulen meist Knabenschulen.

tige Jugend ist von Grund auf verdorben, sie ist böse, gottlos und faul.» Überliefert ist auch, dass faule Schüler, die vom Lehrer gestellte Aufgaben auf ihren «Klassenarbeitstafeln» beantworten mussten, folgende Antwort gaben: «Weiß ich nicht.»

Altes Ägypten

Die Schule im alten Ägypten wurde Pharaos Unterrichtsstall genannt. Kernfächer waren das Lesen und Schreiben von Hieroglyphen sowie die Mathematik Die überlieferten Papyri enthalten auch Informationen über den pharaonischen Schulbetrieb, die Schulleistungen und das Schülerverhalten. Der Tenor der Schülerbilder ist eher negativ: «Die Jugend achtet das Alter nicht mehr, zeigt bewusst ein ungepflegtes Aussehen, sinnt auf Umsturz, zeigt keine Lernbereitschaft und ist ablehnend gegen übernommene Werte.» Darüber hinaus wird auch angemerkt, dass die Jugendlichen das Bier mehr lieben als die Bücher. Abweichendem Schülerverhalten versuchte man mit Schlägen beikommen. In einem Lehrerleitfaden steht lapidar: «Der Knabe hat einen Rücken und passt auf, wenn er geschlagen wird.» Dies schien zumindest kurzzeitig wirksam gewesen zu sein. Reumütig schrieb ein Schüler seinem Lehrer: «Du schlugst meinen Rücken und deine Belehrungen gingen in mein Ohr.»

Altes China, Indien, Japan

Das Curriculum der alten Schulen im Fernen Osten bestand aus der Vermittlung von Kulturtechniken und systematischer Charakterschulung. So lernten die altindischen Schüler nicht nur Sanskrit und Wurzelziehen, sondern auch Bescheidenheit, Mäßigkeit, Selbstbeherrschung und Meditation.

Was die Tauglichkeit der Schulbildung fürs Leben betrifft, hatten die Lehrer eine realistische Einstellung: «Ein Viertel der Erziehung kommt vom Lehrer, ein Viertel vom eigenen Studium, ein Viertel vom Mitmenschen und ein Viertel vom Leben selbst.» Trotz intensivem Persönlichkeitstraining waren die Schüler keineswegs Engel. Die überlieferten Beschwerdebilder ähneln denen anderer Hochkulturen. Allerdings scheint das Ausmaß geringer gewesen zu sein.

Konfuzius kreidete manchen Schülern an, dass sie zu sehr auf äußeren Druck lernten. Und mit ihrer Unterrichtsdisziplin war er bisweilen so unzufrieden, dass er sie mit dem Eschenstab verdrosch. Die Lernproblematik brachte ein altindischer Schüler auf folgenden Nenner: «Als ob es einen Geist gäbe, der sich nicht mit Widerstreben, ja mit einem Gefühl der Erniedrigung an so eine unleidige und trockene, so weitschweifige und langweilige Übung verschwendete, wie sie das Lernen von Vokabeln ist.»

Altes Griechenland

Die Schüler in Athen lernten Lesen, Schreiben, Rechnen, Musizieren, Gedichte rezitieren und Sport. Der Lehrplan in Sparta war knapper bemessen. Er beschränkte den Wissenserwerb auf Lesen, Schreiben und Rechnen, schließlich sollten die Schüler tüchtige Krieger und nicht Philosophen werden.

Schülerkritik gab es zuhauf. Aristhophanes bezeichnete sie als verweichlicht und schlapp. Sie hätten nichts mehr mit den großen Marathonkämpfern gemein. Beim Waffentanz könnten sie nicht einmal mehr das Schild ordentlich führen. Das einzig Hervorstechende an ihnen sei das große Mundwerk. Sie schwänzten häufig die Schule. Ihre Schulmotivation und Unterrichtsdisziplin ließen sehr zu wünschen übrig.

Die Unzufriedenheit der athenischen Eltern mit ihren Kindern war manchmal so groß, dass sie die Lehrer darum baten, härter durchzugreifen. So auch die Mutter des motivations- und verhaltensgestörten Schülers Kakkalos. Ihrer Bitte entsprach Klassenlehrer Lampriskos so: «Wo ist das scharfe Leder, mein Ochsenziemer, mit dem ich die Widerspenstigen, Gefesselten schlage? Man gebe ihn mir, bevor mein Zorn platzt.» Kakkalos fügte sich dem Schicksal und verlangte lediglich eine mildere Sanktion. «Nein, ich fleh' dich an, Lampriskos, bei den Musen und dem Leben deiner (kleinen) Kutis, nicht das scharfe! Nimm das andere, mich zu schlagen!»

Auf die Frage nach dem Grund der zunehmenden Lern- und Verhaltensprobleme fand Plato eine gesellschaftspolitische Antwort. Durch die Demokratisierung sei die Gehorsamsbereitschaft der Kinder gegenüber Elternhaus und Schule verlorengegangen. «Der Lehrer fürchtet unter solchen Verhältnissen die Schüler und schmeichelt ihnen, die Schüler achten Lehrer und Erzieher geringer.» Bei diesen Überlegungen vergaß Plato wohl, dass im autokratisch erziehenden Sparta das Jünglingsalter auch nicht frei von Motivationsproblemen war.

Altes Rom

Das römische Schulsystem ähnelte sehr stark dem der Griechen, denn die Lehrerschaft bestand großenteils aus Griechen. Nach einem Art Grundschulunterricht besuchten die jungen Römer eine weiterführende Schule, in der sie Grammatik, Literatur, Griechisch, Geschichte, Astronomie, Philosophie und Musik lernen mussten.

Klagelieder über schlechte und böse Schüler wurden genauso häufig gesungen wie in Griechenland. Ein Magister beklagte sich darüber, dass die Schüler zum Schulgebäude, einer Pergola, viel zu oft hinausschauten, statt dem Unterricht zu folgen. Selbst das Aufstellen von Blenden wirkte nicht konzentrationsfördernd. Die Schüler blickten dann in den Himmel und wendeten ihre Aufmerksamkeit den Vögeln zu. Immer wieder musste auf Faulheit und Fehlverhalten mit Stockschlägen und Peitschenhieben reagiert werden. Übrigens hieß Zur-Schule-Gehen: manum ferulae subducere (die Hand für die Peitsche hinhalten). Um die Zeitenwende versuchte man Lernschwierigkeiten durch spielerische Lernhilfen (Buchsbaum-Buchstaben) und positive Verstärkungen (Gebäck in Form von Buchstaben) abzubauen. In dieser Unterrichtsreform sah manch alter Römer ein weiteres Anzeichen für den Verfall der Bildungskultur. Und der Satiriker Petronius merkte spöttisch an: «Jetzt spielen die Kinder in der Schule.»

Mittelalter

Lange Zeit gab es im Mittelalter nur die Kloster- und Domschulen, in denen Latein Schulsprache war und der Lehrplan weitgehend dem römischen glich. Erst im späten Mittelalter bildete sich ein neues Schulwesen heraus. Zum einen handelte es sich um Stadt- und Ratsschulen, zum anderen um Winkel- und Klippschulen, in denen nur das Allernötigste (Lesen, Schreiben, Rechnen) vermittelt wurde. Zieht man aus den vielen Quellen das Fazit, so fällt das Schülerbild der Erwachsenen negativ aus. Im Frühmittelalter klagte Karl der Große über die Faulheit und das schlechte Benehmen seiner Aachener Palastschüler. In der St. Gallener Klosterschule reichte das Spektrum der Fehlverhaltensweisen von Unaufmerksamkeit, über mangelnde Anstrengungsbereitschaft bis zum Niederbrennen des Klosters aus Rache an einem Lehrer. Im Hochmittelalter, so geht aus der Carmina Burana hervor, war das Lern- und Arbeitsverhalten um kein Jota besser:

Es blühte einst das Studium,
heut kehrt es sich ins bummeln um.
Die Wissenschaft galt einst als Ziel,
doch oben auf ist nun das Spiel.
Die Tugend schlug ins Laster um
und Arbeit ins Faulenzertum,
kurz, alles, was geziemend heißt,
ist heut vom rechten Weg entgleist.

Und im Spätmittelalter scheinen Motivationsstörungen genau so häufig vorgekommen zu sein. Der Dominikanermönch Datini beschrieb die damaligen Schüler als liederlich, verhaltensschwierig und schwer motivierbar.

Frühneuzeit

Im Verlaufe der Frühneuzeit bahnte sich ein Wandel von der Domschule zur Schule für den Bürger an. Zum einen meinte Luther, dass alle Menschen zur Schule gehen müssten, um die Bibel selbst lesen zu können. Zum anderen machte sich die Erkenntnis breit, dass Berufserfahrungen nicht mehr allein durch Vormachen und mündliche Anweisung vermittelbar sind. In den kirchlichen und weltlichen Schulen erregten schlechte Leistungen und Fehlverhaltensweisen die Gemüter der Lehrer und Gelehrten. Melanchthon stellte der Schülerschaft seiner Zeit folgendes Zeugnis aus: «Sie haben keine Lust zu lernen, kein Ehrgefühl, keinen Gehorsam. Wahrlich ein Kamel tanzen oder einen Esel das Lautenschlagen lehren, wäre erträglichere Mühe.» Die Berichte der Schulvisitatoren und die Carentenbücher (schulische Strafregister) strotzten vor Klagen. Der Göttinger Professor Johann

Matthias Gesner äußerte sich im «Taschenbuch für teutsche Schulmeister» sehr negativ über die Lernmotivation. Die Schülerinnen und Schüler kämen meistens ungern zur Schule und hielten sich dort nur ungern auf. Sie verwendeten ihre Aufmerksamkeit nur darauf, das Pausenzeichen nicht zu überhören. Im Ulmer Pädagogikjournal «Der Landschullehrer» wird gegen Ende des 18. Jahrhunderts über mangelnde Schulmotivation und die fehlende Selbstbeherrschung der Kinder und Jugendlichen geklagt. Ihre Motivation sei so schlimm, dass der Schul- und Konfirmationsunterricht nahezu wirkungslos zu sein scheinen.

19. Jahrhundert

In der zweiten Hälfte des 19. Jahrhunderts hatte sich die Schulpflicht weitgehend durchgesetzt. Das Schulwesen war differenzierter geworden. Die Skala der Schulformen reichte von Gymnasien bis hin zu Berufsschulen. Die Schule war eine Drill- und Paukschule. Die militärische Kontrolle des Lernens und Verhaltens verhinderte Fehlentwicklungen und Lerndefizite nicht. Die Leistungen der Schülerinnen und Schüler wurden sehr negativ beurteilt. Die Gymnasialpädagogen vermissten einfache Grundkenntnisse, monierten die geringe Lernlust und sprachen dem Gros der Zöglinge die Studierfähigkeit ab. Verbittert klingt die Klage eines Lehrers aus Joachimsthal: «Für jeden gewissenhaften Lehrer ist es ein Gräuel, unter Primanern, die ex officio Sophokles und Demosthenes lesen, eine Menge von jungen Leuten zu sehen, bei denen fast jede Erinnerung an die grammatischen Formen erloschen ist, ohne dass er ein Mittel besäße, diesem ungründlichen und unwissenschaftlichen, ja unsittlichen Treiben mit Nachdruck zu steuern.» Noch miserabler sah das Leistungsbild an den Volksschulen aus. So verließen beispielsweise in Mannheim in den Jahren 1877 bis 1887 die Volksschule 80 % ohne Abschluss.

20./21. Jahrhundert

Die Schule der Jetztzeit ist mit die wichtigste gesellschaftliche Institution. In der Schule wird eine hochentwickelte Kultur weitergegeben. Außerdem ist die Schule zum zentralen Verteiler gesellschaftlicher

Chancen geworden. Im Vergleich zu vergangenen Epochen ist die pädagogische Arbeit stark professionalisiert, vor allem, was die fachwissenschaftliche Ausbildung der Lehrerinnen und Lehrer betrifft. Die modernen Gesellschaften lassen sich den Kulturerhalt einiges kosten. Die Schülerinnen und Schüler werden mit Argusaugen beobachtet. Schließlich steht und fällt der Kulturerhalt mit dem Schulerfolg. Was an den Heranwachsenden kritisiert wird, ähnelt verblüffend der Schülerschelte vergangener Kulturepochen. Neu ist nur die Sprache, nicht der Kerngehalt der Kritik. Was früher volkssprachlich ausgedrückt wurde, erscheint immer häufiger im Gewand der pädagogisch-psychologischen und medizinischen Fachsprache. Ganze Forschungsgruppen und Institute beobachten seismographisch genau das Vulkangebiet Schule. Regelmäßig werden Leistungs- und Verhaltensbilder gezeichnet, die über die Medien verbreitet werden. Diese wissenschaftliche Schülerkritik begann schon in den zwanziger Jahren. Seit den fünfziger Jahren drang sie immer stärker ins Bewusstsein der Öffentlichkeit. In den Klageliedern ist bis dato die Rede vom Verhaltenszerfall und dem Rückgang der schulischen Lern- und Anstrengungsbereitschaft.

2. Motivation und Motivationsentwicklung

«Motivation ist die vereinte Wirksamkeit von Trieben und Anreizen, von Druck und Zug, und in diesem Zusammenspiel liegt ein Großteil der Unterschiedlichkeit, die menschliches Verhalten auszeichnet, begründet.»

Lyle E. Bourne

Seit es die wissenschaftliche Psychologie gibt, ist die Motivation des Menschen erforscht und in unzähligen Varianten definiert worden.

Gemeinsam ist allen Definitionen, dass die Motivation eine Kraft ist, die hinter dem Verhalten eines Menschen wirkt und es in Gang setzt. Diese Kraft kann in unterschiedlichsten Formen in Erscheinung treten.

Was das Lernen anbelangt, so gibt es typische Motivkräfte. Wenn ein Kind aus dem Bedürfnis nach neuen Reizen sich mit einem Lernstoff beschäftigt, spricht man von Neugiermotivation. Wendet es sich immer wieder demselben Gegenstand zu und geht es in der Beschäftigung mit ihm auf, liegt ein Interesse vor, bisweilen auch als intrinsische Motivation bezeichnet. Möchte es tüchtig sein beziehungsweise Leistungen erzielen, die mit einem Gütemaßstab verglichen werden, handelt es sich um Leistungsmotivation. Strengt es sich hauptsächlich deshalb an, weil es eine Anerkennung oder Belohnung bekommen möchte, ist die extrinsische Motivation (auch Anreizmotivation) wirksam. Möchte es Bestrafung und Tadel vermeiden, lernt es angstmotiviert. Geht es deshalb gern zur Schule, weil es mit anderen zusammen ist, heißt der Beweggrund soziale Motivation. Man könnte diese Motivliste sicherlich noch fortsetzten.

Versucht man beim einzelnen Schüler zu ergründen, warum er lernt, trifft man selten auf die eben beschriebenen Motivkonstellationen, in der es nur eine motivierende Kraft gibt. Meistens sind es Motivmischungen, die mehrere Komponenten enthalten (z. B. Tüchtigkeit, Interesse, soziales Kontaktbedürfnis). Diese stehen miteinander in einem regen Wechselwirkungsverhältnis, so dass es nicht immer leicht ist, herauszubekommen, welche einzelne Kraft momentan am stärksten ist.

Die Entwicklung der Lernmotivation ist übrigens stark abhängig von familiären und schulischen Erziehungseinflüssen (Oerter 1998). Die Lernumwelt entscheidet darüber, was aus den ursprünglich ungerichteten seelischen Kräften eines Menschen letztlich wird.

Lernmotiviertes, wetteiferndes Verhalten ist schon im Kleinkindalter zu beobachten. Im Verlauf der Kindergartenzeit nimmt die Tendenz zu, tüchtig zu sein beziehungsweise die eigenen Tätigkeiten mit einem Gütemaßstab zu vergleichen (Heckhausen 1989). Gleichzeitig kommt auch das Selbstständigkeitstreben des Kindes zum Ausdruck. Es will etwas ohne Hilfe tun. Und es wird auch fähiger, Bedürfnisbefriedigungen aufzuschieben und Bedürfnisspannungen auszuhalten zugunsten späterer Zielerreichung und Belohnung. Ob und in welchem Maße Kinder diese motivationalen Voraussetzungen in die Schule mitbringen, hängt vom Erziehungsverhalten der Eltern ab. Besonders günstig für die Motivationsentwicklung ist es, wenn sie das selbstständige Handeln des Kindes früh fördern, es altersgemäß fordern und an seinen Aktivitäten lobend und ermutigend Anteil nehmen.

Während der Grundschulzeit entsteht aus den motivationalen Grundfähigkeiten die Lern- und Arbeitshaltung. Das heißt, dass Kinder bereit sind, Lernaufgaben selbstständig und gründlich zu erledigen. Auch in diesem Stadium spielt der familiäre Einfluss eine starke Rolle. Die selbstständige Arbeitshaltung entsteht dort eher, wo die elterliche Hilfe sich primär auf das Einüben von Methoden beschränkt, weniger auf das stoffliche Helfen und wo altersgemäße Ansprüche an die Qualität der Leistungen gestellt werden. Parallel zum Leistungsstreben entwickeln sich ganz spezifische Vorlieben für bestimmte schulische und außerschulische Tätigkeiten. Auch die Interessenentwicklung ist stark abhängig von familiären Anregungen und Vorbildern.

Mit einsetzender Pubertät nimmt die Abneigung gegen Fremdmotivierung zu. Die Jugendlichen streben nach Eigenmotivierung und selbstständiger Lebensgestaltung. Der Weg dorthin bereitet vielen Schwierigkeiten. Bisher gepflegte Interessen und Freizeittätigkeiten wandeln sich. Personbezogene Interessen nehmen zu, sachbezogene ab. Zwischen den Sozial- und Geschlechtsgruppen treten starke Interessenunterschiede auf. Die Lern- und Leistungsbereitschaft geht als Folge der Pubertätsproblematik zurück. Erst gegen Ende des Jugendalters steigt sie allmählich wieder an.

Zum Nachdenken

«Tröste dich mit uns; wir können auch nicht fliegen!» sagte ein Mäuschen zu dem Adler, der mit gebrochenem Flügel am Boden saß und den Tod erwartete.
«Du kennst die Sehnsucht nach der Höhe nicht!» antwortete der Adler traurig und starb.

Rudolf Kirsten

3. Motivation und Schulerfolg

«Das Geheimnis des Könnens liegt im Wollen.»

Guiseppe Mazzini

Die Begabung setzt sich nicht automatisch in gute Schulleistungen um. Es gibt hochbegabte Schülerinnen und Schüler, die leistungsmäßig versagen. Und es kommt immer wieder vor, dass durchschnittlich Begabte zu den Besten einer Klasse gehören. Dies liegt daran, dass die Schulleistung von zusätzlichen Faktoren bestimmt wird:

- Lern- und Arbeitsmotivation,
- Lern- und Arbeitstechnik,
- emotionale Stabilität,
- familiäre Lernumwelt,
- schulische Lernumwelt.

Man nennt diese Einflussgrößen auch Stützfaktoren. Unter diesen Stützfaktoren spielt die Lern- und Arbeitsmotivation eine bedeutsame Rolle.

Die Bedeutung der Lern- und Arbeitsmotivation konnte in Schulerfolgsstudien immer wieder nachgewiesen werden (siehe Keller 1999 a). Vergleicht man beispielsweise leistungsstarke mit leistungsschwachen Schülern, so fällt auf, dass erstere anstrengungsbereiter und durchhaltefähiger sind. Und versucht man herauszufinden, warum Schüler mit gleicher Intelligenz unterschiedliche Schulleistungen aufweisen, gelangt man immer wieder zur Erkenntnis, dass die Motivation den Unterschied in starkem Maße mitbedingt.

Die Rolle der Lernmotivation lässt sich nicht nur aus Schulerfolgsstudien, sondern auch aus der schulpsychologischen Analyse lernproblematischer Einzelfälle ersehen. Das Ursachenmuster weist deutlich darauf hin, dass es lern- und leistungsschwierigen Schülerinnen und Schülern vor allem an Lernmotivation mangelt.

Zum Nachdenken

Der Sultan selbst war außer sich vor Begeisterung: «Gott, steh mir bei; welch ein Wunder, welch ein Genie!» Sein Wesir gab zu bedenken: «Hoheit, kein Meister fällt vom Himmel. Die Kunst des Zauberns ist die Folge seines Fleißes und seiner Übungen.» Der Sultan runzelte die Stirn. Der Widerspruch seines Wesirs hatte ihm die Freude an den Zauberkunststück verdorben. «Du undankbarer Mensch! Wie kannst du behaupten, dass solche Fertigkeiten durch Übung kommen? Es ist, wie ich sagte: Entweder man hat das Talent oder man hat es nicht.» Abschätzend blickte er seinen Wesir an. und rief: «Du hast es jedenfalls nicht, ab mit dir in den Kerker. Dort kannst du über meine Worte nachdenken. Damit du nicht so einsam bist und du deinesgleichen um dich hast, bekommst du ein Kalb als Kerkergenossen.» Vom ersten Tag seiner Kerkerzeit an übte der Wesir, das Kalb hochzuheben und trug es jeden Tag über die Treppen seines Kerkerturmes. Die Monate vergingen. Aus dem Kalb wurde ein mächtiger Stier, und mit jedem Tag der Übung wuchsen die Kräfte des Wesirs. Eines Tages erinnerte sich der Sultan an seinen Gefangenen. Er ließ ihn zu sich holen. Bei seinem Anblick aber überwältigte ihn das Staunen: «Gott, steh mir bei, welch ein Wunder, welch ein Genie!» Der Wesir, der mit ausgestreckten Armen den Stier trug, antwortete mit den gleichen Worten wie damals: «Hoheit, kein Meister fällt vom Himmel. Dieses Tier hattest du mir in deiner Gnade mitgegeben. Meine Kraft ist die Folge meines Fleißes und meiner Übungen.»

Aus Peseschkian, N.: Der Kaufmann und der Papagei. Frankfurt: Fischer 1979.

4. Häufigkeit von Motivationsstörungen

«Der überwiegende Teil der Kolleginnen und Kollegen ist der Meinung, dass ein Großteil unserer Jugendlichen nicht mehr bereit ist, für ihren schulischen Erfolg besonders viel Energie aufzuwenden. Schüler machen im Unterricht meist den Eindruck von Konsumenten, die sich etwas bieten lassen wollen und mit Unwillen, Desinteresse oder Abschalten reagieren, wenn ihre Erwartungen nicht erfüllt werden.»

Aus einem Schulbericht

In der Klientel der Schulpsychologen sowie der Kinder- und Jugendpsychiater sind Schülerinnen und Schüler mit Motivationsstörungen relativ häufig vertreten. Ihre Anzahl ist im Steigen begriffen. Vorgestellt werden nicht nur die klassischen Pubertätslernstörungen, sondern immer häufiger Grundschulkinder, die ein bisher unbekannt hohes Maß an Leistungsverweigerung aufweisen.

Dass das schulische Lernen und Arbeiten keine lustbesetzte Tätigkeit ist, lässt sich nicht nur aus schulpsychologischen Fallstatistiken ersehen. An großen Stichproben durchgeführte Erhebungen belegen deutlich ein generelles Schwinden der Lernmotivation (Allerbeck/Hoag 1985, Jünger 1988, Bessoth 1995, IFS-Schulbarometer 2000).

Werden Schüler danach gefragt, was sie letztlich dann doch zum Lernen veranlasst, so werden Beweggründe sichtbar, die nur wenig mit dem Ideal der intrinsischen Motivation zu tun haben. Es sind dies vor allem äußerer Druck, schlechtes Gewissen und Angst vor dem Misserfolg.

All dies soll nun nicht heißen, dass die Schule bei den Schülerinnen und Schülern keine positiven Gefühle hervorruft. Mitte der achtziger Jahre hatten Sozialforscher einmal die Frage gestellt, welche angenehmen Aspekte die Schule hat (Jugendwerk der Deutschen Shell 1985). Ergebnis war, dass die große Mehrheit der Befragten positive Aspekte nennen konnte. Die genannten Aspekte bezogen sich jedoch nicht auf den Lernstoff, sondern vor allem auf die sozialen Kontakte mit Gleichaltrigen. Dieser Befund ist auch in anderen Schülerbefragungen bestätigt worden (Bohnsack 1993, Eder 1998).

Analysiert man die Häufigkeit von Motivationsstörungen schließlich demographisch, fällt zum einen auf, dass Mädchen lernmotivierter sind als Jungen, und zum anderen, dass die Lernlust im Altersverlauf zurückgeht. Dies lässt sich sowohl an schulpsychologischen Fallstatistiken ablesen als auch an den Ergebnissen großer Repräsentativbefragungen.

Zum Nachdenken

Im Zusammenhang mit dem Thema «Motivation» liegt es nahe, sich auch darum zu kümmern, was «ganz unten» ankommt. «Ganz unten» ist nicht die Lehrkraft in unserem Bildungssystem. «Ganz unten», als «Letztes» empfinden sich eher die Schülerinnen und Schüler.

Sie sind die «Endkunden», hinter denen sich aber noch weitere Abnehmer verbergen; die Familien, die Wirtschaft und Verwaltungen, die organisierten Konfessionen, die Parteien und Verbände. Wenn die direkten Empfänger der Dienstleistungen der Schule in ihrer Persönlichkeit nicht weit entwickelt werden, wenn die Potenziale der Schülerinnen und Schüler nicht nur nicht gefördert, sondern sogar durch die Schule beeinträchtigt werden, dann ist die Schule krank, dann herrscht «Schulnot».

Richard Bessoth

5. Erscheinungsformen von Motivationsstörungen

«Der weinerliche Bube, der mit Bündel und glattem Morgenantlitz, wie die Schnecke ungern zur Schule kriecht.»

William Shakespeare

Wer sich mit Motivationsstörungen befasst, sollte auf eine differenzierende Beschreibung achten, denn sie treten in unterschiedlichen Formen in Erscheinung. Geht man dabei von schulpsychologischen Erkenntnissen und Beobachtungen aus, lassen sich drei typische Erscheinungsformen unterscheiden:

- generelle Motivationsstörung
- Schulunlust
- spezielle Lernmotivationsstörung

Der ersten Kategorie, der generellen Motivationsstörung, lassen sich Kinder und Jugendliche zuordnen, die sowohl in der Schule als auch im Freizeitbereich durch Lustlosigkeit, Interesselosigkeit, Gleichgültigkeit und Stumpfheit auffallen. Diesem Zustand der gravierenden Antriebsschwäche liegen meist ernsthafte physische oder psychische Erkrankungen zugrunde.

Fallbeispiel: Torsten

Torsten ist 16 Jahre alt und besucht die 10. Klasse des Gymnasiums. Lehrer und Eltern sind verzweifelt, weil er sich zu nichts motivieren lässt. Er macht kaum Hausaufgaben, arbeitet selten mit und lernt auch auf Klassenarbeit äußerst wenig. Kein Wunder, dass er das Klassenziel nicht erreichen wird. Egal, ob Freizeit oder Schule, alles erlebt er als große Last. Bereits das Aufstehen ist ihm ein großer Graus, der Weg zur Schule ebenfalls. Der Unterricht ödet ihn an. Den Großteil der Freizeit verbringt er meist Musik hörend auf der Schlafcouch. Seine Stimmung ist durchgehend schlecht. Er sieht weder im Lernen noch im Leben Sinn.

Von einer Schulunlust kann gesprochen werden, wenn die Anstrengungsbereitschaft in vielen Fächern und Leistungssituationen unterdurchschnittlich ist. Schülerinnen und Schüler dieser Erscheinungsform arbeiten im Unterricht wenig mit, vernachlässigen die Hausaufgaben und bereiten sich auf Klassenarbeiten ungenügend oder gar nicht vor. Im Gegensatz dazu führen sie ein aktives Freizeitleben, sind kontaktfreudig und spielmotiviert.

Fallbeispiel: Uwe

Uwe, 13 Jahre alt, ist Schüler der Klasse 7 der Realschule. Die Lehrer bezeichnen ihn als schulunlustig, die Eltern nennen ihn lernfaul. Hausaufgaben erledigt er nur dann, wenn eine Kontrolle zu erwarten ist. Auf Klassenarbeiten lernt er erst am Abend oder Morgen zuvor. In den meisten Fächern arbeitet er nur selten mit. In der Freizeit ist der lernfaule Uwe rührig und umtriebig. Er hilft gerne im Haushalt mit, wird vom Leiter der Jugendgruppe als aktivstes Mitglied bezeichnet und gilt als bienenfleißiger Mittelfeldakteur in der Jugendmannschaft des Fußballclubs.

Eine spezielle Lernmotivationsstörung liegt vor, wenn das Anstrengungsproblem nur in einem eng umgrenzten Bereich des Leistungsspektrums auftritt. Zu dieser Kategorie gehören beispielsweise Schüler, die keine Lust auf Sprachen haben, ansonsten aber normal motiviert sind. Wer im Unterricht nicht mitmacht, aber ansonsten fleißig arbeitet, ist ebenfalls diesem Störungsbild zuzuordnen.

Fallbeispiel: Anika

Anika ist Viertklässerin. In Deutsch, Heimat- und Sachkunde sowie in den Nebenfächern ist sie eine fleißige und gute Schülerin. Sie freut sich auf diese Fächer, macht gern die entsprechenden Hausaufgaben und meldet sich im Unterricht oft. Dieses positive Erscheinungsbild wandelt sich schlagartig, wenn die Mathematik auf dem Plan steht. Sie rechnet nur widerwillig und verweigert schier die Leistung, wenn sie Sachaufgaben lösen soll. Neulich schrieb sie auf ihr Federmäppchen: «Schule ist super, Mathe nicht!»

Zum Nachdenken

Ein motivationsgestörter Schüler der Klasse 7 einer Realschule wurde darum gebeten, in der schulpsychologischen Untersuchung die folgenden Sätze zu Ende zu schreiben:

Wenn ich an die Schule denken, freue ich mich darauf, dass sie bald wieder zu Ende ist.

Die Schule würde mir mehr Spaß machen, wenn es weniger Hausaufgaben geben würde.

Wenn mir die Schule einfällt, kriege ich Angst, weil ich noch keine Hausaufgaben gemacht habe.

Das Fach Deutsch macht mir am meisten Spaß, weil es da fast keine Hausaufgaben gibt.

Das Fach Mathe macht mir am wenigsten Spaß, weil wir jedes Mal Hausaufgaben kriegen.

Wenn ich Lehrer wäre und wollte die Schüler zum Lernen anregen, dann würde ich Lernspiele machen.

Hausaufgaben finde ich weniger schön, weil mir da so viel Zeit verloren geht.

Klassenarbeiten hasse ich über alles, weil ich dann immer in meinem Zimmer sitzen und lernen muss.

6. Ursachen von Motivationsstörungen

«Nichts geschieht von selbst, sondern alles infolge eines Grundes.»

Leukippos

Hinter dem Erscheinungsbild von Motivationsstörungen können sich unterschiedlichste Ursachen verbergen. Leider ist es so, dass sich Eltern und Lehrern die Diagnose sehr einfach machen. Sie kommen oft sehr rasch zum Schluss, dass der «faule» Schüler nicht will. Wollte er, könnte er mehr. So einfach sind die allerwenigsten Motivationsstörungen verursacht. Will man motivationsgestörten Schülerinnen und Schülern gerecht werden und ihnen wirksam helfen, ist eine gründliche Ursachenanalyse vonnöten. Was Motivationsstörungen zu Grunde liegen kann, wird nun ausführlich behandelt. Manche der genannten Faktoren können von Eltern und Lehrern selbst diagnostiziert werden, andere wiederum verlangen eine Abklärung durch psychologische oder medizinische Fachleute.

6.1 Ursachenbereich Familie

«Den schwerwiegendsten Einfluss auf die Entwicklung psychischer Probleme haben Familienprobleme.»

David Shaffer

In diesem Ursachenbereich steht die Verwöhnung an erster Stelle. Meine fallstatistischen Auswertungen haben ergeben, dass bei 40 % der diagnostizierten Motivationsstörungen dieser Erziehungsfehler dem Problem zu Grunde liegt. Er besteht hauptsächlich darin, dass den Kindern seit der Kleinkindheit ein Übermaß an psychischer und materieller Zuwendung zuteil wird. Beinahe alles, was sie haben möchten, bekommen sie geschenkt und erfüllt: Süßigkeiten, Spielsachen, Erleichterung, Behütung, Aufmerksamkeit. Und dies, ohne dass besondere Gegenleistungen erwartet und gefordert werden. Die gravierendste Folge dieses Erziehungsfehlers ist, dass die verwöhnten Kinder den Aufschub ihrer Bedürfnisse nicht lernen. Sie bleiben ichschwach und schaffen es nicht, ihre Triebe zu steuern. Die tägliche Wunscherfüllung verdichtet sich über kurz oder lang zu einem hedonistischen Charakter. Sie fordern immer mehr, ohne dafür etwas zu tun. Sie pochen auf Rechte, ohne selbst Pflichten zu übernehmen. Stoßen sie auf Hindernisse, bemühen sie sich kaum um deren Überwindung, sondern lassen sie sich aus dem Weg räumen. Sie möchten immer im Mittelpunkt stehen, ohne andere vorzulassen. Von Schuljahr zu Schuljahr sinkt ihre Bereitschaft zum Lernen. Hausaufgaben und Klassenarbeitsvorbereitungen sind ihnen eine üble Last, der sie mit allerlei Aufschubaktivitäten und Vermeidungsstrategien aus dem Weg zu gehen versuchen. Sind sie gut begabt, bekommen sie in den ersten sechs Schuljahren noch so viel mit, dass sie die Klassenziele ereichen. Deutliche Leistungseinbrüche erleiden sie meist ab Klasse 7, wenn der Lernstoff nicht mehr allein durch Cleverness angeeignet werden kann, sondern intensive Übungsarbeit immer wichtiger wird.

Zu fragen ist nun, wodurch eine verwöhnende Erziehung verursacht sein kann. Bei vielen Eltern sind irrationale Überzeugungen das Hauptmotiv. So gibt es Eltern, die annehmen nur dann gute Väter und Mütter zu sein, wenn ihre Kinder möglichst viel bekommen.

Andere haben eine entbehrungsreiche Kindheit erlebt und erziehen jetzt nach dem Motto: «Unsere Kinder sollen es einmal besser haben als wir.» Dann gibt es Eltern, die liebesunfähig sind und materielle Verwöhnung als Mittel benutzen, um sich die Liebe ihrer Kinder zu erkaufen. Des Weiteren ist der Erziehungsfehler in Einelternfamilien anzutreffen. Dem liegt häufig die unbewusste Botschaft zugrunde: «Wenn ich schon meinem Mann nicht für mich gewinnen konnte, so möchte ich mein Kind um so fester an mich binden.» Nicht zuletzt sind auch Großeltern an der Verwöhnung beteiligt. Manche tun dies aus Angst, vom Enkelsohn oder der Enkeltochter nicht genügend geliebt oder besucht zu werden. Andere glauben oft fälschlicherweise, die Enkelkinder bekämen von Papa und Mama zu wenig.

Verwandt mit der Verwöhnung ist die überbetrieben beschützende Erziehungshaltung, die in der entwicklungspsychologischen Fachsprache als Overprotection bezeichnet wird. Sie tritt häufig bei Eltern zutage, die überängstlich sind und aus dieser Angst heraus die Kinder nicht fordern und sie nicht loslassen. Unmittelbare Folge davon ist, dass die Kinder fremdmotiviert und unselbstständig bleiben. Sie schaffen es nicht, obwohl sie intellektuell könnten, die Hausaufgaben selbst zu machen und Klassenarbeiten allein vorzubereiten. Daraus entsteht eine chronische Unselbstständigkeit, die in der Zeit der Pubertät zum großen Problem werden kann. Dann nämlich lehnen sich viele Söhne und Töchter gegen die Überbetreuung auf, wollen nun endlich sich selbst verantwortlich sein, schaffen dies aber oft nicht, weil sie das selbstständige Lernen nicht gelernt haben.

Ein weiterer Grund für gestörte Lernmotivation kann ein Mangel an kultureller Anregung sein. In anregungsarmen Familien wird es bereits in den ersten sechs Lebensjahren versäumt, die kindliche Primärmotivation durch ein vielseitiges, aktives Spielangebot zu fördern. Die Anregung besteht großenteils aus Medienkonsum. Parallel dazu schaffen es die Eltern auch nicht, den Kindern am Beispiel von Spieltätigkeiten Gütemaßstäbe zu vermitteln, was nach Heckhausen (1989) die wichtigste Voraussetzung für die Entstehung der Lern- und Leistungsmotivation ist. Ihnen ist es weitgehend egal, wie gut ein Kind etwas kann – Hauptsache, es ist beschäftigt und lässt die Eltern in Ruhe. Kein Wunder, wenn diese Medienkinder die in der Schule praktizierte Kulturvermittlung als langweilig und öde erleben.

Motivationsstörend wirken sich auch Fehler in der Eltern-Kind-Kommunikation aus. Wenn Eltern die Leistungen ihrer Kinder zu wenig loben, würdigen und anerkennen, erlahmt über kurz oder lang die Lernbereitschaft. Noch schlimmer wirkt es sich aus, wenn Kinder in lernschwierigen Phasen durch Killerbotschaften entmutigt werden (z. B. «Kapierst du dies nicht, du Depp?»). Solche Kommunikation zerstört im Lauf der Zeit das Selbstvertrauen des Schülers und erzeugt ein Gefühl der Minderwertigkeit.

Wenn es mit der Motivation nicht klappt, können daran schließlich auch familiäre Systemstörungen beteiligt sein. Sind sich Eltern zum Beispiel hinsichtlich der Leistungserwartungen uneinig, tendieren Kinder dazu, sich an den Erwartungen des «angenehmeren» Elternteils zu orientieren. Des Weiteren kann es vorkommen, dass eine schulische Lern- und Leistungsstörung für das pathologische Familiensystem eine positive Funktion bekommt. Nicht selten verhindert ein lerngestörter Schüler durch seine Problematik ein Auseinanderstreben der Eltern. Weil es nicht sein darf, dass das Kind durch Ehekonflikte zusätzlich Schaden nimmt, wird auf Trennung und Scheidung vorerst verzichtet. Lässt sich eine Eheproblematik auf diese Art und Weise nicht unterdrücken beziehungsweise wird sie offen ausgetragen, kann sich dies auf Kinder emotional so irritierend auswirken, dass gravierende Motivationshemmungen entstehen. Angesichts der Tatsache, dass sich 35 % der geschlossenen Ehen wieder auflösen, ist die Wahrscheinlichkeit systemisch verursachter Motivationsstörungen nicht gering.

Fallbeispiel: Alexander

Alexander wiederholt die Klasse 8 des Gymnasiums. Das Halbjahreszeugnis sieht genauso schlecht aus wie im Vorjahr. Wieder stehen zwei Kernfachfünfen drin, und zwar in Englisch und in Latein. Die Eltern sind sehr verärgert, weil Alexander genauso faul ist wie letztes Jahr. Alexander, der Sonnyboy, zeigt sich von den elterlichen Klageliedern relativ unbeeindruckt. Danach gefragt, warum er trotz der erneuten Versetzungsgefährdung so cool ist, antwortet er: «Ich werde das schon noch schaffen.» Die Eltern sind über Alexanders Optimismus erstaunt.

Als die Eltern Alexanders Lern- und Lebensgeschichte zu schildern beginnen, zeigt ihr Gesichtsausdruck zunächst deutlich Freude. Er lernte früh laufen und sprechen, war wissbegierig und lernwillig. Die Kindergärtnerin bezeichnete ihn als ein begabtes und sympathisches Kind. Als Alexander in die Schule kam, waren seine ersten Lehrer derselben Meinung. Aufgrund seines brillanten Auffassungs- und Denkvermögens gehörte er zur Leistungsspitze. Der Mutter fiel damals allerdings auf, dass er Hausaufgaben ungern machte. Die Klassenlehrerin in Klasse 4 meinte, dies sei nicht tragisch. Sie empfahl Alexander vorbehaltlos fürs Gymnasium.

Bald nach Gymnasialbeginn begannen die Leistungen abzufallen, zwar nicht dramatisch, aber dennoch deutlich. Am Ende der Klasse 5 befand sich Alexander am Ende des mittleren Leistungsdrittels. Sein Problem bestand darin, dass er das häusliche Üben verschmähte. Die Eltern mussten ihn zum Hausaufgabenmachen und zur Klassenarbeitsvorbereitung zwingen. Folge des elterlichen Drucks war, dass er die schulischen Pflichten hin und wieder verschwieg. Dieser leidige Kampf ums Lernen setzte sich in der Klasse 6 fort. Aufgrund elterlichen Drängens, Drohens, Kontrollierens und Helfens schaffte Alexander gerade noch das Klassenziel. In der Klasse 7 vergrößerte sich die Stoffmenge, Latein und Geschichte kamen hinzu. Und die häuslichen Lernkonflikte verschärften sich. Da er inzwischen stark pubertierte und sein Bedürfnis nach Selbstbestimmung stärker wurde, reagierte er immer trotziger auf die Fremdsteuerung. Die Eltern gaben es deshalb nach dem Halbjahreszeugnis auf, Alexander zu behüten und zu überwachen. Sie beschränkten sich darauf, ihn hin und wieder zur Klassenarbeitsvorbereitung zu mahnen. Mit Ach und Krach und einer Fünf in Latein wurde er in die Klasse 8 versetzt. Die Mutter ging in den Sommerferien zu einem Erziehungsberater und erzählte ihm ihre Leidensgeschichte. Der riet ihr, Alexander im kommenden Schuljahr ganz in Ruhe zu lassen, denn er müsse endlich lernen, sich selbst verantwortlich zu sein. Außerdem solle er aus den Folgen seiner Faulheit lernen. Die Eltern hielten sich an diesen Rat, obwohl es ihnen sehr schwerfiel. So manches Mal schlich sich die Mutter bis vor Alexanders Zimmer. Die herausdröhnende Musik stimmte sie nicht hoffnungsfroh. Und noch weniger erheiterten sie die Noten, die Alexander ab und an durchsickern ließ. Am Ende der Klasse 8 bekam er in Mathematik gerade noch eine Drei, in Deutsch eine Vier sowie in Englisch und Latein eine Fünf. Somit war er durchgefallen. Die Eltern redeten mit Alexander

Tacheles und drohten fürs kommende Schuljahr Konsequenzen an: Taschengeldkürzung, Ausgehverbote, Urlaubssperre. Hoch und heilig versprach er, sich zu verändern.

In der ersten Hälfte des Wiederholungsjahres schienen die ersten Noten auf eine Besserung hinzudeuten. Die Eltern glaubten darin die Wirkungen ihrer Drohungen zu erkennen. Und sie schenkten Alexander auch Glauben, als er diese Besserungen auf seinen gestiegenen Lernaufwand zurückführte. Kurz vor Weihnachten gab es ein böses Erwachen, als der Klassenlehrer den Eltern den aktuellen Notenstand nannte. Wider Erwarten war er um kein Jota besser als im letzten Schuljahr. Sowohl der Klassenlehrer als auch die Fachlehrer führten die erneute Misere auf Alexanders schreckliche Faulheit zurück.

Alexander bekannte sich schuldig und gelobte angesichts des bedrohten Weihnachtsfriedens feierlich, vom ersten Tag des neuen Jahres an fleißig zu lernen. Die ebenso harmoniebedürftigen Eltern vertrauten wiederum seinen Worten. Jetzt ist es Mitte Februar. Alexander sitzt mit seinen Eltern beim Schulpsychologen und gibt zu, dass er auch diesmal seine Versprechungen nicht in die Tat umgesetzt hat.

Zum Nachdenken

Es ließ sich ein Kamel, das mit gebogenen Knie
vor seinem Meister lag, mit Waren stark belasten.
Man brachte Sack und Pack, und manchen schweren Kasten.
Das alles litt das gute Vieh.
Es muckste nicht einmal, bis es bei sich verspürte,
dass es die volle Ladung führte.
Da stand es wieder auf; allein des Meisters Hand,
zwang es, sich abermals zu bücken,
der auf das arme Tier noch viele Lasten band.
Er band, und sieh, es warf die ganze Fracht vom Rücken.
Gebt Achtung, wenn Ihr Kinder lehrt,
dass ihr auf einmal nicht sie allzu stark beschwert.
Es geht der Jugend wie den Alten,
wer alles fassen soll, wird endlich nichts behalten.

Magnus Gottfried Lichtwer

6.2 Ursachenbereich Schule

«Man sagt der Schule nach, dass sie es in wenigen Jahren fertig bringe, lernbegierigen Kindern die Lust am Lernen gründlich abzugewöhnen.»

Karl Klauer

Obwohl das Fundament der Lernmotivation in der Familie gelegt wird, ist sie nicht ausschließlich hausgemacht. Auch das schulische Lernumfeld wirkt fördernd und hemmend auf sie ein. Verursacht werden die schulisch bedingten Motivationsstörungen am meisten durch Kommunikationsfehler. Sie bestehen im wesentlichen darin, dass Lehrerinnen und Lehrer dem natürlichen Anerkennungsbedürfnis von Kindern und Jugendlichen nicht gerecht werden. Erstens ist immer wieder zu beobachten, dass Schülerinnen und Schüler zu selten oder zu pauschal gelobt werden. Zweitens fällt auf, dass Leistungsrückmeldungen leider sehr häufig in einer destruktiven Form geäußert werden (Tausch/Tausch 1998). Sie beziehen sich weniger auf die negative Leistung, sondern verdammen die Person als Ganzes. Killerbotschaften wie «Du bist unser Schwachmatiker» stellen den Schüler vor der Klasse bloß, verletzten sein Selbstwertgefühl und entmutigen ihn. Werden Schülerinnen und Schüler auf diese Art und Weise fertiggemacht, verinnerlichen sie die destruktiven Botschaften im Laufe der Zeit zu negativen Autosuggestionen. Das heißt, dass sie das, was der Lehrer sagt, irgendwann zu sich selber sagen. Im Gefolge solcher Entmutigung sinkt das Vertrauen in die eigene Leistungsfähigkeit, entsteht ein negatives Selbstbild von der eigenen Begabung, geht der Lernaufwand zurück, macht sich Resignation breit. Kein Wunder, wenn dann die nächste Klassenarbeit wiederum schlecht ausfällt und der Teufelskreis sich erneut aufschaukelt.

Eine weiteres Motivationshemmnis, das nicht selten vorkommt, ist die übertragungsbedingte Lehrer-Schüler-Unverträglichkeit. Übertragung meint, dass frühere negative Beziehungserlebnisse auf eine neue Bezugsperson übertragen werden. Diese Affektverlagerung tritt zum Beispiel auf, wenn ein Schüler feindselige Gefühle, die aus einer gestörten Vater-Sohn-Beziehung resultieren, auf den Lehrer überträgt.

Auslöser für dieses Übertragungsgeschehen können sowohl äußerliche als auch psychische Ähnlichkeiten sein. Gerät ein Schüler in den Sog einer Übertragung, kann die Motivation gravierenden Schaden nehmen. Umgekehrt ist es auch möglich, dass der Schüler beim Lehrer negative, beziehungsstörende Affekte hervorruft. Vielleicht hat er Ähnlichkeit mit dem lernschwierigen Sohn des Lehrers oder mit einem Problemschüler, der dem Lehrer einmal besondere Schwierigkeiten bereitet hatte.

Ursachen sind auch im Bereich der Stoffvermittlung zu finden. So wirkt es sich motivationsstörend aus, wenn der Lernstoff zu schwierig oder zu leicht dargeboten wird. Ähnlich verhält es sich mit der Stoffmenge. Wird zu viel aufgegeben, entsteht Leistungsstress. Und ein Zuwenig bewirkt Unterforderung. Demotivierend ist es des Weiteren, wenn Lehrerinnen und Lehrer es versäumen, Neugier zu wecken, den Stoff also langweilig darbieten. Ebenso folgenreich wie die fehlende Neugierweckung ist die Missachtung des Tätigkeitsdranges von Kindern und Jugendlichen. Wenn sie großenteils frontal unterrichtet werden und nur wenig Gelegenheit zu handlungsorientierten Lernformen bekommen, macht sich Unlust breit. Motivationsblockaden können schließlich auch vom Wertsystem des einzelnen Lehrers und des Lehrerkollegiums ausgehen. Hat die Lehrperson selbst Motivationsprobleme und lebt sie dies den Schülern negativ vor (z. B. mangelhafte Unterrichtsvorbereitung), braucht sie sich nicht darüber beklagen, wenn die Anstrengungsbereitschaft der Schüler zu wünschen übrig lässt. Und gibt es im Lehrerteam einer Klasse keinen Konsens hinsichtlich der Leistungserwartungen und Leistungskontrollen, schlägt sich dies in der Leistungsmotivation der Schüler nieder. Rutter (1980) konnte dies in seiner berühmten Schulvergleichsstudie klar und deutlich nachweisen. Circa 55 % der Leistungsunterschiede zwischen den von ihm untersuchten Schulen hingen mit dem Grad des pädagogischen Konsenses zusammen. Oder anders ausgedrückt: Je mehr die Lehrerinnen und Lehrer an einem Strang ziehen, desto motivierter sind die Schülerinnen und Schüler.

Letztlich kann auch die Klasse Motivationsstörungen erzeugen. Lehnt sie eine Schülerin oder einen Schüler ab, treibt sie diese in eine Außenseiterposition oder quält sie diese gar, leidet die emotionale Befindlichkeit der Gemobbten in starkem Maße. Über kurz oder lang kann das sozial-emotionale Problem die Lernenergien empfindlich blockieren. Darüber hinaus kann die Klasse auch einen generell demotivierenden Einfluss ausüben. Und zwar dann, wenn sich die Überzeugung durchsetzt, dass Lernen grundsätzlich schlecht ist, und sich immer mehr mit dem Klassengeist identifizieren. Solche kollektiven Motivationsstörungen sind vor allem in der Zeit der Pubertät zu beobachten.

Fallbeispiel: Maria

Maria ist Achtklässlerin an einer Realschule. Die Eltern stellen sie dem Schulpsychologen vor, weil sie in Mathematik und Physik auf Fünf steht und in diesen Fächer keine Lernlust mehr zeigt. In den ersten drei Realschuljahren war sie keine schlechte Mathematikerin. Sie stand immer auf einer sicheren Drei. Erst seit Beginn der Klasse 8 gingen ihre Leistungen rapide zurück. Die Eltern sind ratlos und möchten wissen, wie dieses plötzliche Versagen zu erklären ist.

Um die Hypothese zu klären, ob hinter dem Versagen sich eine Überforderung verbirgt, wird mit Maria ein Intelligenztest durchgeführt. Aus seinen Ergebnissen geht deutlich hervor, dass Marias mathematische Grundfähigkeiten völlig normal ausgeprägt sind. Sie hat das Potenzial, um mindestens durchschnittliche Mathematiknoten zu schreiben. Die weiteren diagnostischen Erhebungen zeigen, dass der Leistungsabfall auch nicht mit Mängeln in der Lern- und Arbeitstechnik zusammenhängt. Die Ursachenanalyse konzentriert sich schließlich auf die schulische Beziehungsebene. Und die erweist sich als in hohem Maße motivationsstörend. Es kommt heraus, dass ein Lehrer Maria seit Schuljahresbeginn systematisch entmutigt. Als sie in der zweiten Mathematikstunde eine Aufgabe an der Tafel lösen sollte und dabei einen Block hatte, stellte sie der Lehrer vor der Klasse mit den Worten bloß: «Du bist sicherlich nicht die Tochter von Adam Riese.» In der dritten Physikstunde stellte er ihr eine Frage, die sie nicht beantworten konnte, worauf er sie erneut kränkte: «Und die Tochter von Albert Einstein bist du sicherlich auch nicht.» In den folgenden Wochen irritierte er Maria immer mal wieder mit entmutigenden Kommentaren. Sie ging sehr verunsichert in die ersten Klassenarbeiten und versagte prompt auch. Bei der Rückgabe der Arbeiten bekam sie die Killerbotschaften des Lehrers erneut zu spüren. Jetzt, nach fünf

Monaten, hat Maria kein Vertrauen mehr in die mathematisch-naturwissenschaftliche Leistungsfähigkeit. Beide Fächer rufen in ihr Angst und Unlust hervor. Sie fürchtet sich vor dem Sitzenbleiben. Als der Schulpsychologe den Lehrer auf seine Kommunikationsfehler anspricht, entgegnet dieser: «Darf man mit den Schülern überhaupt nicht mehr spaßen?»

Zum Nachdenken

Vor langer Zeit entschloss sich die Tierwelt einen entscheidenden und mutigen Schritt zu tun, um den Herausforderungen der neuen Zeit zu begegnen. Deshalb wurde beschlossen, eine Schule zu gründen. Es wurde ein Lehrplan aufgestellt, der die Fächer Rennen, Klettern, Schwimmen und Fliegen enthielt. Um die Anwendung des Lehrplans möglichst einfach zu halten, sollten alle Tiere beim Unterricht in allen Fächern teilnehmen.

Die Ente war hervorragend in Schwimmen, tatsächlich sogar besser als ihr Lehrer. Allerdings zeigte sie nur eben befriedigende Leistungen in Fliegen und war sehr schwach in Rennen. Da sie nur sehr langsam rennen konnte, musste sie den Schwimmunterricht auslassen und nachsitzen, um Rennen zu üben. Dies wurde so lange beibehalten, bis ihre Schwimmfüße ziemlich zerschlissen waren und sie damit nur noch mäßig schwimmen konnte. Mittelmäßige Leistungen wurden aber durchaus akzeptiert, so dass sich darüber niemand aufregte, nur die Ente selbst.

Das Kaninchen war zunächst Klassenbester in Rennen, bekam aber bald einen Nervenzusammenbruch wegen des vielen Nachhilfeunterrichts in Schwimmen.

Das Eichhörnchen war herausragend in Klettern, wurde aber im Fach Fliegen schnell ausgesprochen demotiviert, da der Lehrer verlangte, dabei vom Boden aus zu starten und nicht vom Baumwipfel.

Durch Überanstrengung bekam es schließlich Muskelkater und erreichte in Klettern nur noch die Note befriedigend und in Rennen ausreichend.

Der Adler war ein Problemkind und musste ernsthaft ermahnt und auch bestraft werden. Im Klettern bis zum Baumwipfel war er der Schnellste, ließ sich aber nicht davon abbringen, es so zu machen, wie er es wollte.

Am Ende des Schuljahres hatte ein etwas ungewöhnlicher Aal die beste Durchschnittsnote und durfte die Rede beim Abschiedsfest halten.

Die Wüstenhunde behielten ihr Kind zu Hause und verweigerten die Zahlung von Schulgeld, da die Schulverwaltung nicht bereit war, die Fächer Wühlen und Graben in den Lehrplan aufzunehmen. Stattdessen schickten sie ihr Kind zu einem Dachs in die Lehre und gründeten später zusammen mit den Murmeltieren und Erdhörnchen eine freie Privatschule.

Aus den Fundamentals of Neuropsychology

6.3 Ursachenbereich Schüler

«Faulsein muss schließlich auch gelernt sein.»

Werner Meyer

Der Ursachenschwerpunkt einer Motivationsstörung kann in den Eigentümlichkeiten und Besonderheiten der Schülerpersönlichkeit liegen. So gibt es Schüler, die in der momentan besuchten Schulform überfordert sind. Dies muss nicht heißen, dass sie generell unbegabt sind. Häufig ist es bei dieser Ursachenkonstellation so, dass sich die Anforderungsstruktur der Schule und die individuelle Begabungsstruktur nicht decken. Ein Paradebeispiel hierfür ist der Gymnasialschüler, dessen Begabungsschwerpunkt im technisch-mathematischen Bereich liegt und der sich deshalb mit den hohen sprachlichen Leistungsanforderungen schwer tut. Er strengt sich anfangs tatsächlich an, erleidet aber immer Misserfolge. Dies machen ihn im Lauf der Zeit so mutlos, dass er eine Lern- und Leistungshemmung entwickelt, die sich im Endstadium auch auf das gesamte Fächerspektrum ausdehnen kann. Die Hypothese, dass ein Begabungsproblem vorliegt, sollte vom Beratungslehrer oder Schulpsychologen geprüft werden.

Die Ursachenanalyse wird aber nicht nur im Begabungsbereich, sondern auch im Einstellungssystem fündig. So fällt immer wieder auf, dass manche Schülerinnen und Schüler trotz förderlicher Lernumwelt, also nicht im Gefolge von Entmutigung, negative Selbstbewertungen entwickeln. Sie tendieren dazu, Misserfolge mit der eigenen Unfähigkeit zu erklären (Heckhausen 1989). Diese negative Einstellung zur eigenen Fähigkeit kann zum völligen Verlust des Selbstvertrauens führen. Wer an diesem Tiefpunkt angelangt ist, hat keine seelische Kraft mehr fürs Lernen.

Eine weitere schülerbedingte Ursache ist mangelndes Interesse. Warum sich manche Schülerinnen und Schüler trotz gezielter Anregungen für ein Fach nicht interessieren, liegt oft daran, dass sie bereits einen anderen Interessenschwerpunkt haben, der die Lernenergien an sich bindet. Dies ist nach dem 11./12. Lebensjahr völlig normal. Nur eine Minderheit der Jugendlichen hat ein ausgeglichenes Interessenprofil. Außerdem ist immer häufiger festzustellen, dass sich die Interessenstruktur der Kinder und Jugendlichen immer weniger mit der schulischen Fächerstruktur deckt, was die Motivierungsarbeit zusätzlich erschwert.

Wenn Schülerinnen und Schüler, die zuvor nicht leistungsauffällig waren, zwischen dem 13. und 15. Lebensjahr plötzlich in eine Motivationskrise geraten, hängt dies oft mit der Pubertät zusammen. Man spricht diesbezüglich auch von einer Pubertätslernstörung. Viele sind in dieser Umbruchphase so stark mit sich selbst und ihren Beziehungsproblemen beschäftigt, dass dem Lernen Anreiz und Energie fehlen.

Vor allem bei älteren Schülerinnen und Schüler kann die Motivationsstörung die Folge einer Sinnkrise sein. Sie sehen in der täglichen Lernarbeit keinen Sinn mehr, haben keine Hoffnung mehr in die Zukunft und geraten in den Zustand der krankmachenden Selbstzentrierung. Frankl (1998) zählt die Sinnkrise zu den gravierendsten Problemen der späten Jugendzeit und des jungen Erwachsenenalters.

Bei manchen motivationsgestörten Jugendlichen kann eine narzisstische Störung vorliegen. Häufig ist es die Spätfolge einer verwöhnenden, symbiotischen Mutter-Kind-Beziehung. Ziehe (1981) nennt diese Jugendlichen narzisstische Sozialisationstypen. Hervorstechende Merkmale sind geringe Frustrationstoleranz, Größenphantasien, starke regressive Bedürfnisse und ein breites Auseinanderklaffen von eigenem Anspruch und Anstrengungsbereitschaft. Werden die jungen Narzissten auf den letztgenannten Widerspruch hingewiesen, reagieren sie mit Gekränktsein und Rückzug.

Tritt die Motivationsstörung in Form einer generellen Apathie und Antriebsschwäche zutage, die seit langem besteht, kommen ernsthafte Grunderkrankungen als Ursache in Frage. Zur Abklärung ist auf jeden Fall die Konsultation eines medizinischen Fachmannes (Kinderarzt, Kinder- und Jugendpsychiater) vonnöten. Dieser kann, eventuell in Kooperation mit weiteren Fachärzten, klären, ob die Grunderkrankungshypothese zutrifft. Möglich sind folgende Ursachen (Knölker 1987):

- organische Grunderkrankungen (z. B. Anämie)
- hirnorganische Erkrankungen (z. B. Enzephalitis)
- Pharmaka- und Drogenmissbrauch

- konstitutionell bedingte Antriebsschwäche
- endokrine Störungen (z. B. Schilddrüsenunterfunktion)
- Psychosen (z. B. endogene Depression)
- neurotische Depressionen
- Angstsyndrome
- Zwangssyndrome
- psychosomatische Erkrankungen

Die Vielzahl dieser Krankheitsarten soll nicht den Eindruck erwecken, als kämen sie massenhaft vor. Sie sind nur bei einer kleinen Teilgruppe der motivationsgestörten Schülerinnen und Schüler festzustellen.

Schließlich sei noch ein Schülertyp erwähnt, den ich als den intelligenten Faulen bezeichne. Es handelt sich um Schülerinnen und Schüler, die gut begabt sind, aber für die Schule nur so viel lernen, wie zur Erreichung des Klassenziels vonnöten ist. Sie kochen gezielt auf Sparflamme. Sowohl die Eltern als auch die Lehrerinnen und Lehrer sind über solche Schülerinnen und Schüler sehr enttäuscht bis verärgert, weil diese wesentlich bessere Leistungen erbringen könnten, wenn sie mehr lernen würden. In Gesprächen mit diesen Schülerinnen und Schülern fällt zum einen stoische Coolness auf. Zum anderen wird aus der Selbstschilderung auch rasch ersichtlich, dass sie ihre Begabungen und Energien im außerschulischen Bereich umsetzen – in anspruchsvollen Hobbys und in einträglichen Jobs. Ihre Faulheit ist Ergebnis eines Lernprozesses, dessen Ziel es war, die Schule minimalistisch zu bewältigen.

Fallbeispiel: Lukas

Lukas wiederholt gerade die Klasse 9 des Gymnasiums. Kaum sind die ersten vier Monate vorbei, befindet er sich schon wieder in akuter Versetzungsgefährdung. Aus Lukas' Biographie geht hervor, dass er sich mit dem Lernen schon lange Zeit schwer tut. Das Leiden begann im letzten Grundschuljahr, als die Klassenlehrerin den ehrgeizigen Eltern mitteilte, dass sie Lukas nicht für das Gymnasium empfehlen könne. Die Eltern erklärten sich mit dieser Empfehlung nicht einverstanden und beantragten die Teilnahme an einer Aufnahmeprüfung. Dank der Vorbereitung durch eine Nachhilfelehrerin schaffte Lukas sie mit Ach und Krach. Im ersten Gymnasialjahr strengte er sich sehr an, stand aber am Ende in Englisch und Mathematik so schlecht, dass er die Klasse wiederholen musste. Von da an besuchte er dreimal wöchentlich ein Nachhilfestudio, wo der Kernfachstoff gründlich wiederholt und Klassenarbeiten intensiv vorbereitet wurden. Diese Unterstützung machte aber aus Lukas keinen erfolgreichen Schüler. Sie bewirkte lediglich, dass er knapp die Klassenziele erreichte.

In der Klasse 9 blieb Lukas trotz der regelmäßigen «Infusionen» sitzen. Und jetzt, im Wiederholungsjahr, sieht die Leistungssituation nicht viel anders aus. Lukas ist sehr entmutigt und wird von immer mehr Selbstzweifeln und Minderwertigkeitsgefühlen geplagt. Diese resignative Stimmung blockiert seine Lernmotivation. Er sieht keinen Sinn mehr in der Schule. Und dies, obwohl die Eltern, die Lehrer und die Nachhilfelehrer gut zureden.

Die im Anschluss an das Erstgespräch durchgeführte Testuntersuchung zeigt deutlich, dass Lukas` intellektuelle Fähigkeiten unter dem Erwartungsniveau seiner Schulart liegen. Das heißt, dass er sich seit vielen Jahren in einer Überforderung befindet. Die Eltern möchten dieses Ergebnis zunächst nicht akzeptieren. Dem Vorschlag, diese Überforderung durch einen Wechsel zur Realschule zu beenden, stimmen sie erst zu, als der Schulpsychologe ihnen verdeutlicht, welche negativen Folgen ein Verbleib auf dem Gymnasium haben könnte. Lukas hingegen erlebt den Rat als immense Erleichterung. Endlich ist er seine Überbürdung los.

Zum Nachdenken

In einer Unterrichtsstunde, im Orient als Maktab bezeichnet, hatte der Lehrer mit einem Jungen große Probleme. «Sag A!» Der Junge hob nur verneinend den Kopf und kniff die Lippen zusammen. Der Lehrer übte sich in Geduld und begann wiederum: «Du bist ein so netter Junge, sag doch A. Das tut doch nicht weh.» Dafür empfing er bloß einen abweisenden Blick des Kindes. Schließlich nach einigen Versuchen, riss dem Lehrer die Geduld. «Sag A», schrie er, «sag A.» Die Antwort des Kindes war nur: «Mm – mm.» Daraufhin ließ der Lehrer den Vater kommen. Zusammen beschworen sie den Kleinen, er solle doch nur A sagen. Endlich gab der Junge nach und sagte zum Erstaunen aller klar und deutlich A. Der Lehrer, überrascht von diesem pädagogischen Erfolg, rief: «Maschallah, wie herrlich! Nun sag auch mal B.» Da protestierte der Kleine heftig und schlug energisch mit seinen Fäustchen auf den Tisch: «Nun ist aber Schluss! Ich wusste ja, was auf mich zukommt, wenn ich bloß A sage. Dann wollt Ihr, dass ich auch B sage, und dann muss ich noch das ganze Alphabet aufsagen, dann muss ich lesen lernen, schreiben lernen und rechnen lernen. Ich wusste schon, warum ich nicht A sagen wollte.»

Aus Peseschkian, N.: Der Kaufmann und der Papagei. Frankfurt: Fischer 1979.

6.4 Ursachenbereich Gesellschaft

«Wenn ich zu Hause bin, sind meine Eltern meist am Relaxen. Ich sehe dann nicht ein, warum ich fleißig sein soll, während die faulenzen.»

Ein motivationsgestörter Schüler

Das gesellschaftliche Umfeld, in dem die psychische Entwicklung heute stattfindet, hat sich in den letzten Jahrzehnten radikal verändert. Die Kinder am Ende des 20. Jahrhunderts sind Wohlstandskinder. Sie machen kaum mehr die Erfahrung lebensbedrohender Knappheit, sondern haben eher die Qual der Wahl im großen Konsumangebot. Die Mehrheit der Gesellschaft verfügt über genügend Kaufkraft, um kindliche Bedürfnisse optimal zu befriedigen. Und auf der Anbieterseite machen sich Produktentwickler, Marketingstrategen und Werbefachleute intensiv Gedanken, wie sie die Kaufwünsche der jungen Konsumenten wecken können. All dies führt dazu, dass die Erwachsenen dem Konsumdrang immer weniger Grenzen setzen können. Je mehr die Kinder und Jugendlichen haben, desto mehr wollen sie. Viele ihrer Forderungen bekommen sie erfüllt, ohne ernsthaft Gegenleistungen erbringen zu müssen.

In der Wohlstandsgesellschaft hat sich auch die Einstellung der Erwachsenen zur Arbeit gewandelt, wie Inglehart (1998) in seiner an 43 Nationen durchgeführten Studie nachweisen konnte. Viele Menschen erleben die Arbeit nicht mehr als an sich motivierend, sondern arbeiten, um ihr Wohlbefinden zu maximieren beziehungsweise ein angenehmes Freizeitleben führen zu können. Während in der Mitte des 20. Jahrhunderts die Mehrheit der Erwachsenen Erwerbstätigen deutlich arbeitsorientiert war, sieht das Bild am Beginn des 21. Jahrhunderts anders aus. Nur noch 31 % sagen, dass der Beruf wichtiger ist als die Freizeit, 39 % betrachten beide Bereiche als gleich wichtig und für 30 % ist die Freizeit wichtiger (Graf 1999).Hinzu kommt, dass viele Kinder und Jugendliche ihre Eltern nicht mehr beim Arbeiten sehen. Der Arbeitsplatz ist oft weit weg. Allenfalls kann man sie bei der häuslichen Arbeit oder bei Hobbytätigkeiten beobachten. Die Chance, den Heranwachsenden Tüchtigkeit vorzuleben und vorzumachen, ist stark gesunken. Wen wundert es da noch, wenn sie sich mit der Motivationsentwicklung schwer tun.

Zum Nachdenken

Alles steht bereit für ein Leben in Bequemlichkeit, mit Tempo und mit Spaß. Aber dann gibt es etwas in uns allen, das sagt: Und was jetzt? Und was dann? Da sitzt man also im Club Mediterrané – aber was dann? Nirgends mehr gibt es einen Ruhepunkt. Wir erleben eine Form des Leidens, das wir gar nicht mehr als Leiden anerkennen, weil es in Gestalt von Vergnügungen auftritt.

Saul Bellow

7. Motivationsförderung

«Wenn etwas funktioniert, übernehmen Sie es in ihr Repertoire; wenn es ihre Schüler nicht motiviert, lassen Sie es fallen.»

Nathaniel L. Gage und David C. Berliner

Der Unternehmensberater Reinhold Sprenger (1997) vertritt in seinem Buch «Mythos Motivation» die Meinung, dass Motivierung letztlich die Motivation zerstören würde. Diese Aussage trifft möglicherweise dort zu, wo man versucht, Erwachsene mit allerlei Incentives (Leistungsanreizen) und Tricks zum Arbeiten zu verführen. Würde man seine Auffassung auf Schülerinnen und Schüler unkritisch anwenden, hätte man sicherlich binnen kurzer Zeit ein familiäres und schulisches Erziehungschaos.

Im Gegensatz zu Sprenger heißt mein Leitsatz: «Wer richtig motiviert, fördert die Motivation.» Darauf zu warten, bis die Kinder und Jugendlichen irgendwann aus Spaß an der Sache lernen, halte ich für riskant und gleichzeitig für verantwortungslos. Intrinsische Motivation und Selbstmotivation können nur entstehen, wenn die Erwachsenen auch den Mut haben altersgerecht Impulse zu geben, Forderungen zu stellen, Grenzen zu ziehen und Angebote zu machen. Kurz und gut: Auf dem Weg zum selbstständigen Erwachsenen ist auch ein bestimmtes Maß an extrinsischer Motivierung vonnöten.

Ziel dieses Kapitels ist es nicht, therapeutische Techniken zu vermitteln. Es wird vielmehr aufgezeigt, wie Elternhaus und Schule die Motivation der Schülerinnen und Schüler fördern können, und zwar im Sinne von Vorbeugung und erster Hilfe. Es handelt sich um ein Grundprogramm, das aus folgenden bewährten Bausteinen besteht:

- altersgemäße Forderung
- Selbstständigkeitserziehung

- Lob und Anerkennung
- Grenzziehung
- konstruktive Kritik
- Ermutigung
- Geduld
- Erziehungskonsens
- Neugierweckung
- Tätigkeitsangebote
- Lernen lernen
- Lernen mit dem Computer
- Lernspiele
- positives Denken
- regelmäßiges Nachdenken
- Sinnorientierung

Abschließend wird genauer beschrieben, wo Eltern und Lehrpersonen professionelle Hilfe finden, wenn Motivationsprobleme im schulischen oder familiären Alltag nicht gelöst werden können.

Zum Nachdenken

Mulay Abdallah, Oasen-Ältester, befragt einen Fellachen:

«Seit wann gibt es hier Oliven?
Das weißt du doch, Assidi. Seit vier Jahren.
Und wer hat sie gepflanzt?
Wir.
Freiwillig?
Nein.

Was heißt nein?
Mit dem Stock hast du uns zur Arbeit getrieben, Assidi.
Was gab es hier vorher?
Nichts, Assidi, Steine.
Und wer hat sie weggeschafft, die Steine, aus der Wüste?
Wir.
Freiwillig?
Mit der Peitsche.
Warum mit der Peitsche?
Weil wir nicht glauben wollten, Assidi.
Woran nicht glauben?
Dass man hier entsteinen und was pflanzen kann.
Woher habt ihr das Wasser für eure Gärten?
Hier gibt's doch kein Wasser. Wir haben eine Rhetara gegraben. Unter der Erde. Zwanzig Kilometer lang.
Freiwillig?
Nein.
Wie lange habt ihr gearbeitet?
700 Nächte.
Wer?
Wir, Assidi. Und du hast mitgearbeitet jede Nacht.
Wem gehören die Gärten?
Uns, jeder der mitgearbeitet hat, bekam seinen Anteil.
Was macht ihr aus den Oliven?
Öl. In einer Presse, die wir gekauft haben. Und das Öl verkaufen wir in Uschada. Alle bekommen ihr Geld.
Wie viel Hektar habt ihr entsteint, alles in allem?
Tausendsechshundert. Vorläufig. Aber wir werden weitermachen.
Freiwillig?
Ja.
Was hast du gesagt? Freiwillig?
Natürlich freiwillig. Wir sind doch nicht dumm!»

Aus Kaminski, A.: Die Gärten des Mulay Abdallah. Frankfurt: Suhrkamp 1983.

7.1 Fordern statt verwöhnen

«Kennt ihr das sicherste Mittel, ein Kind unglücklich zu machen? Ihr müsst es daran gewöhnen, alles zu erhalten.»

Jean-Jacque Rousseau

Der Mensch kommt als triebhaftes, hilfloses Mängelwesen auf die Welt. Die Anfangszeit seiner Entwicklung ist von elementaren Grundbedürfnissen bestimmt: Hunger, Durst, Liebe, Schlaf und Neugier. Um dem Kleinkind das Überleben zu sichern, müssen seine Grundbedürfnisse zunächst laufend befriedigt werden. Für das, was wir ihm zur Aufrechterhaltung seines physiologischen Gleichgewichts geben, können wir zunächst noch keine Gegenleistungen erwarten. Aber schon nach den ersten Lebensmonaten ist der Mensch in der Lage, seine Bedürfnisse so zu regulieren, dass nicht ständig etwas in ihn hineingestopft werden muss. Ein Beispiel hierfür sind feste Zeiten der Nahrungsaufnahme. Nun kann das Kleinkind Bedürfnisspannungen aushalten, ohne einen gravierenden seelischen oder körperlichen Schaden erleiden zu müssen. Wenn es in den folgenden Lebensjahren den Bedürfnisaufschub lernt, wächst die Fähigkeit zur Steuerung der Motivation. Der Mensch ist nicht mehr ausschließlich Erfüllungsgehilfe der Triebe, sondern er kann seine seelischen Energien auf die Erreichung kultureller Ziele ausrichten.

Erziehungstheorien, die postulieren, dass die Erwachsenen sich primär an den Bedürfnissen des Kindes orientieren müssen, haben sich in der Erziehungspraxis eher als entwicklungsschädlich erwiesen. Eine totale Kindorientierung macht Kinder zwar augenblicklich glücklich, langfristig aber ichschwach und motivationsgestört. Außerhalb des familiären Schlaraffia kollabieren verwöhnte Kinder leider sehr häufig.

Eine Erziehung, die Verwöhnung vermeidet, darf nicht falsch verstanden werden. Sie bedeutet auf keinen Fall, dass man Kinder kasteien soll. Nein, sie ist schlicht und einfach so zu verstehen, dass ihnen nicht jeder Wunsch erfüllt und jedes Hindernis aus dem Weg geräumt wird. Und sie beinhaltet auch, dass sie nicht unabhängig von ihrem Verhalten das gleiche Maß an Lob, Liebe und anderen Zuwendungen erhalten. Leistungen erfordern Gegenleistungen, Nehmen verlangt Geben, Rechte bedeuten auch Pflichten.

Ein gutes Stück Motivationsförderung ist schon vollbracht, wenn

- nicht zu hohe Taschengeldbeträge ausgezahlt werden,
- sich der Ess- und Trinkkonsum in Grenzen hält,
- nicht zu teuer und zu häufig geschenkt wird,
- im Haushalt mitgeholfen werden muss,
- Medien in Maßen konsumiert werden.

Dass das Nicht-Verwöhnen Konflikte erzeugen und emotional schmerzen kann, weiß jeder, der selbst Kinder erzieht. Diese Erziehungskonflikte lassen sich aber um so besser verarbeiten, je mehr man dabei bedenkt, dass durch Fordern das persönliche Wachstum der Kinder und Jugendlichen gefördert wird.

Das altersgemäße Fordern lässt sich am besten verwirklichen, wenn mit dem motivationsschwierigen Kind konkrete Ziele vereinbart werden. Zum Beispiel, dass bis am Ende des Nachmittags die Hausaufgaben erledigt sein müssen oder die Klassenarbeitsvorbereitung in einem Fach nicht erst am Tag vorher, sondern schon vier Tage vorher in Angriff genommen werden muss. Die Ziele müssen klar und positiv formuliert werden. Statt «Schiebe deine Klassenarbeitsvorbereitung nicht auf!» «Beginne heute mit der Vorbereitung deiner Englisch-Klassenarbeit!». Wirksam ist diese Methode nur dann, wenn die Einhaltung der Zielvereinbarung auch kontrolliert wird. Das Kind muss nachweisen, dass es die geforderte Leistung tatsächlich auch erbracht hat. Im Falle der Leistungserbringung verdient es Lob und Anerkennung. Hat es sein Ziel nicht erreicht, muss es das Versäumte nachholen, und zwar möglichst rasch. Annehmlichkeiten und Freizeittätigkeiten werden ihm so lange entzogen, bis er das Versäumte nachgeholt hat. In diesem Konfliktgespräch muss auch gemeinsam erörtert werden, warum die Zielerreichung nicht gelungen ist und wie sie das nächste Mal besser gelingen könnte. Möglicherweise war es willens, hat aber falsche Strategien der Selbststeuerung angewandt. War dies der Fall, könnte man ihm entsprechende Methoden zeigen (siehe Kap. 7.11). Zum Beispiel könnte er sich das nächste Mal einen Lernplan anfertigen, auf dem die Schritte zum Ziel schriftlich festgelegt sind.

Die Wirksamkeit von Zielvereinbarungen kann erhöht werden, wenn dies in Form eines Vertrags geschieht. Die Vertragsform fördert die Verpflichtung, die Ziele tatsächlich auch umzusetzen. Im pädagogischen Bereich nennt man dieses Motivierungsmittel Lernvertrag. Dies sei kurz am Beispiel des Realschülers Klaus, Klasse 7, veranschaulicht. Klaus steht in Englisch sehr schlecht. Hauptgrund ist, dass er die Vokabeln der ersten drei Units (ca. 270 Wörter) nicht gelernt hat. Er muss diese Lücke unbedingt schließen, um sich verbessern zu können. Um ihn zur Erreichung dieses Ziels zu motivieren, wird mit ihm folgender Lernvertrag abgeschlossen:

Lernvertrag

Ich verpflichte mich, in den nächsten vier Wochen die Vokabeln der Units 1 bis 3 nachzulernen.

Ich bin bereit, mich am 14.2.2000 kontrollieren zu lassen.

14.1.2000 Klaus Meyer

Verzichten lernen

Die Wohlstandsgesellschaft verlockt, ja zwingt uns täglich zum Konsumieren. Da fällt uns allen das Aufschieben oder gar Aufgeben von Bedürfnissen besonders schwer. Viele Religionen lehren das Verzichten in Form fester Rituale. Ein Beispiel ist die Fastenzeit. Die überwiegende Mehrheit praktiziert jedoch das Fasten nicht mehr. Es schadet jedoch nicht, wenn das dem Fasten inne wohnende Element des Verzichtens in anderer Form zum Ziel seelischer Übungsarbeit gemacht wird. Diese kann sowohl in der Familie als auch in der Schulklasse durchgeführt werden, und zwar gemeinsam von Erwachsenen und Kindern. Am Beginn der «Verzichtübung» sucht sich jeder ein Bedürfnis aus (z. B. Süßigkeiten essen, Alkohol trinken, Fernsehen), auf dessen Befriedigung er eine Zeitlang verzichten möchte. Die «Durststrecke» sollte zunächst nicht zu lang sein. Eine Woche genügt. Danach wird gemeinsam bilanziert, wie gut das Verzichten gelungen ist und wie man es erlebt hat. Wichtig bei der Anerkennung des Übungserfolgs ist, dass die Erreichung des Zieles als Beweis persönlicher Stärke bewertet wird. Dies motiviert Kinder zur Wiederholung der Übungen!

Zum Nachdenken

Ich bin das kleine Nesthäkchen. Ich bin auf die Welt gekommen, wo meine Eltern schon relativ alt waren, halt ein Unfall, und bin ziemlich verwöhnt worden, weil ich zwölf Jahre jünger war als meine Brüder. Ich war fast ein Einzelkind, weil die (Brüder) mit mir nix anfangen konnten, die sind damals schon mit Mofas gefahren und ausgegangen. Gut, ich war ein Unfall, aber dann ist es ein Mädchen geworden, das ist doch toll, und dann war es das Goldkind! Ein Mädchen hatte sich mein Vater schon immer gewünscht! Ehrlich ich bin eine total verwöhnte Göre. Alles, was meine Brüder sich erarbeiten mussten, Auto und so, hat das kleine Nesthäkchen alles geschenkt gekriegt vom Papa. Ich habe alles gekriegt, was ich wollte in meinem Leben. Ich habe gesagt, ich will das, und dann habe ich es gekriegt, sonst habe ich so lange gestampft und gewütet, bis ich es gekriegt habe. Ich habe meinen Eltern das Leben zur Hölle machen können, wenn ich nicht gekriegt habe, was ich wollte.

Steffi in der Shell-Jugendstudie 2000

7.2 Zur Selbstständigkeit erziehen

«Hilf mir, es selbst zu tun»

Maria Montessori

Das Ziel aller Erziehung sollte eigentlich darin bestehen, sich selbst zu erübrigen. Aus Angst, Ungeduld und falsch verstandener Fürsorge werden Kinder und Jugendliche zu sehr klein gehalten. Dieses Übermaß an Behütung hemmt die Entwicklung der Selbststeuerung und der Verantwortungsbereitschaft. Die pädagogisch-psychologische Forschung hat immer wieder nachweisen können, dass erfolgreiche Schülerinnen und Schüler schon früh in ihrer Entwicklung von ihren Eltern zur Selbstständigkeit motiviert werden (siehe Oerter 1998). Sobald dies körperlich möglich ist, wird ihnen zugemutet, das Essbesteck allein zu handhaben, allein zur Toilette zu gehen und sich allein anzuziehen.

Wenn die Kinder in die Schule kommen, muss die Selbstständigkeitserziehung fortgesetzt werden. Die Eltern sollen vor allem darauf achten, dass die Kinder die Hausaufgaben allein machen lernen. Dabei gilt als oberstes Prinzip: Was ein Kind selbst tun kann, soll ihm nicht abgenommen werden. Ständig neben dem Kind zu sitzen ist alles andere als lernförderlich. Die Eltern sollten nur dann helfen, wenn ein Kind tatsächlich nicht weiter weiß oder wenn es lernmethodische Schwierigkeiten hat (siehe Kap. 7.11). Schädlich ist es auch nicht, wenn die Eltern nach der selbstständigen Erledigung der Lernaufgabe eine Qualitätskontrolle durchführen. Diese ist bei Grundschülern sowie Fünft- und Sechstklässlern durchaus altersgemäß.

Obwohl die Familie bei der Verselbstständigung des Schülers die Hauptrolle spielt, ja spielen muss, ist die Schule keineswegs aus der Pflicht genommen. Sie hat es in der Hand, den im Elternhaus angelaufenen Entwicklungsprozess positiv zu beeinflussen. Zahlreiche Anregungen hierfür findet man in den Konzepten der neuen Unterrichtsmethodik (Haarmann 1998). Diesen liegt die Erkenntnis zugrunde, dass der klassische Frontalunterricht den Schülerinnen und Schülern zwar Wissen vermittelt, sie aber nicht selbstständig macht. Deshalb fordern sie, den Schülerinnen und Schülern im Unterricht möglichst viel Gelegenheit zur Selbsttätigkeit zu bieten. Konkret heißt dies, in den Unterricht immer wieder schüleraktive Arbeitsphasen einzubauen beziehungsweise neue Unterrichtsformen wie Freiarbeit, Gruppenpuzzle, Projektlernen oder Wochenplanarbeit einzusetzen (siehe Kap. 7.10).

Wer es gelernt hat, selbstständig Lernaufgaben zu bewältigen, ist nicht nur ein guter Selbstmotivator, sondern ist auch fit für die Arbeitswelt. Denn dort ist das selbstständige Lern- und Arbeitsverhalten eine Schlüsselqualifikation.

Selbstständigkeit kann man lernen!

Regelmäßig und aus innerem Antrieb zu lernen, fällt vielen Schülern schwer. Oft sind es der Druck kurz bevorstehender Klassenarbeiten, die Angst vor dem Versagen oder Drohungen der Eltern, die den entscheidenden Lernimpuls erzeugen. Es gibt eine Motivierungsmethode, mit der die unliebsame Fremdsteuerung abgebaut und Selbstständigkeit aufgebaut werden kann. Sie heißt Lerntagebuch, ist ab Klasse 5 anwendbar und funktioniert folgendermaßen:

Der Schüler nimmt sich vor, sich selbst verantwortlich zu sein und aus eigenem Antrieb zu lernen. Die Eltern halten sich im Vertrauen auf die Selbstverantwortung des Schülers mit bisherigen Druckmethoden zurück. Um diese Selbststeuerung wirksam aufzubauen, schreibt der Schüler in den kommenden Wochen auf, was er von wann bis wann für die Schule tut. Das heißt, er legt sich selbst Rechenschaft ab beziehungsweise wird sein eigener Kontrolleur. Es genügt, wenn die Lerntätigkeiten kurz und stichwortartig dokumentiert werden:

Dienstag, den

14.30 – 14.45 Englisch-Vokabeln

14.50 – 15.15 Mathematik-Aufgaben

15.25 – 16.00 Deutschaufsatz

Am Ende einer Arbeitswoche sollte man auswerten, wie viel Zeit für die einzelnen Fächer aufgewendet wurden. Somit kann man feststellen, welche Fächer zu kurz gekommen sind. Als Konsequenz daraus versucht man, in der kommenden Woche für diese Fächer mehr Zeit aufzubringen.

Die Selbststeuerung kann zusätzlich gefördert werden, wenn man die protokollierten Lerntätigkeiten bewertet. Man stuft ein, wie nutzvoll man im entsprechenden Fach gelernt hat. Folgende Bewertungen bieten sich an:

+ = Lerntätigkeit war nutzvoll

0 = weder – noch

– = Lerntätigkeit war nicht nutzvoll

Darüber hinaus kann eine weitere Motivierungsstrategie einsetzen, nämlich die Selbstverstärkung. Man belohnt sich nach der Erledigung der Lernaufgaben mit einer besonders angenehmen Freizeittätigkeit (CD hören, Film anschauen, Lesen, Freunde treffen, Joggen usw.). Die Erwartung, hinterher etwas Angenehmes tun zu können, verbessert die Lernmotivation beträchtlich.

Nach frühesten einem Monat kann man versuchen, ohne diese Motivationsstütze zu lernen. Vielen Schülerinnen und Schülern genügt es dann, wenn sie sich täglich mental ihre Lernziele setzen. Kommt es erneut zu einer Lernflaute, sollte man wieder Lerntagebuch führen. Wichtig ist, dass die Eltern den Veränderungsprozess mit Geduld, Ermutigung und Anerkennung begleiten.

Zum Nachdenken

Es war einmal ein Mann, der sich verirrte und in das Land der Narren kam. Auf seinem Weg sah er die Leute, die voller Schrecken von einem Feld flohen, weil sie Weizen ernten wollten. «Im Feld ist ein Ungeheuer,» erzählten sie ihm. Er blickte hinüber und sah, dass es eine Wassermelone war.

Er erbot sich, das «Ungeheuer» zu töten, schnitt die Frucht von ihrem Stiel und machte sich sogleich daran, sie zu verspeisen. Jetzt bekamen die Leute vor ihm noch größere Angst, als sie vor der Melone gehabt hatten. Sie schrien: «Als nächstes wird er uns töten, wenn wir ihn nicht schnellstens loswerden,» und jagten ihn mit ihren Heugabeln davon.

Wieder verirrte sich eines Tages ein Mann im Land der Narren, und auch er begegnete Leuten, die sich vor einem vermeintlichen Ungeheuer fürchteten. Aber statt ihnen seine Hilfe anzubieten, stimmte er ihnen zu, dass es wohl sehr gefährlich sei, stahl sich vorsichtig mit ihnen von dannen und gewann so ihr Vertrauen. Er lebte lange Zeit bei ihnen, bis er sie schließlich Schritt für Schritt jene einfachen Tatsachen lehren konnte, die sie befähigten, nicht nur ihre Angst vor Wassermelonen zu verlieren, sondern sie sogar selbst anzubauen.

Aus Kopp, S.B.: Triffst Du Buddha unterwegs. Frankfurt: Fischer 1978.

7.3 Positive Verstärkung

«Anerkennung braucht jedermann.»

Klaus Immermann

Positive Verstärkung heißt, dass positive Konsequenzen den Menschen dazu motivieren, ein Verhalten zu wiederholen. Zum Beispiel kann dies der Fall sein, wenn die Mutter ihr Kind lobt, weil es eine Lernaufgabe selbstständig bewältigt hat. Eine solche Verstärkung ruft nicht nur Gefühle der Freude und des Stolzes hervor, sondern sie schafft Anreize und Belohnungserwartungen.

Es gibt vielerlei Möglichkeiten, Verhalten durch positive Verstärkung aufzubauen. Bekommt ein Kind von seinen Eltern für eine Serie guter Klassenarbeiten ein Spielzeug geschenkt, spricht man von materieller Verstärkung. Nickt die Lehrperson nach einer Schülerantwort erfreut und anerkennend, handelt es sich um eine nonverbale Verstärkung. Lobt sie die Leistung eines Schülers mit den Worten «Das hast du schön ausgedrückt», so ist dies eine verbale Verstärkung. Wird die Klasse für gute Mitarbeit mit einem Lernspiel belohnt, nennt man dies Aktivitätsverstärkung.

Wer Verhalten durch positive Verstärkung fördern möchte, muss einige Grundregeln beachten. Erstens sollten Verstärker alters- und leistungsangemessen sein. Zweitens sollten sie nicht zu häufig, sondern in Intervallen verabreicht werden. Drittens sollte die Verstärkung nicht zu spät, sondern im Anschluss an das positive Verhalten erfolgen. Viertens muss die Verstärkung echt und ehrlich zum Ausdruck gebracht werden. Und fünftens sollte sie auf die Persönlichkeit des Schülers zugeschnitten sein. Letzteres setzt voraus, dass man seine Bedürfnisse, Vorlieben und Einstellungen kennt.

Positive Verstärkung ist nach wie vor das Motivierungsmittel, das in der Aufbauphase eines Verhaltens am meisten wirkt. Es darf jedoch nicht versäumt werden, diese extrinsische Motivierung zugunsten einer sich selbst verstärkenden intrinsischen Motivierung abzubauen.

Abschließend sei noch darauf hingewiesen, dass positives Verstärken auch paradoxe Effekte hervorrufen kann. Diese können auftreten, wenn beispielsweise ältere Schülerinnen und Schüler in einer nicht altersgemäßen Sprache gelobt werden oder wenn leistungsstarke Schülerinnen und Schüler für die Beantwortung leichter Fragen gewürdigt werden.

Zum Nachdenken

Ein Esel, der mit Salz beladen war, musste durch einen Fluss waten. Er fiel hin und musste für einige Augenblicke in der kühlen Flut liege. Beim Aufstehen fühlte er sich um einen großen Teil seiner Last erleichtert, weil das Salz im Wasser geschmolzen war. Langohr merkte sich diesen Vorteil und wandte ihn gleich an, als er, mit Schwämmen belastet, wieder durch diesen Fluss ging. Diesmal fiel er absichtlich nieder, sah sich aber arg getäuscht. Die Schwämme hatten nämlich das Wasser angesogen und waren bedeutend schwerer als vorher. Die Last war so groß, dass er erlag. Ein Mittel taugt nicht für alle Fälle.

Aus dem Irak

7.4 Grenzziehung

«Kinder brauchen Grenzen.»

Jan-Uwe Rogge

Kinder kommen nicht mit fertigen Leistungsnormen auf die Welt, sondern sie müssen den Fleiß erst lernen. In diesem Entwicklungsprozess spielt die Grenzziehung eine wichtige Rolle. Fehlt sie oder geschieht sie zu selten, entsteht Fehlverhalten. Grenzen müssen überall dort gezogen werden, wo Kinder und Jugendliche immer wieder Hausaufgaben nicht erledigen, sich auf Klassenarbeiten nicht vorbereiten, die unterrichtliche Mitarbeit verweigern oder den Unterricht schwänzen.

Die Einsicht in die Notwendigkeit von Grenzziehung hat seit Beginn der neunziger Jahre vor dem Hintergrund zunehmend negativer Verhaltensentwicklungen deutlich zugenommen (Rogge 1997). Unsicherheit besteht auf Lehrer- und Elternseite aber hinsichtlich der Art und Weise des Grenzziehens. Die Gefahr ist nämlich, dass manche Erwachsenen Grenzen vor allem mit Hilfe psychischer oder physischer Strafen ziehen (Bussmann/Horn 1995). Häufig geben sie zu, dass sie auf diese Erziehungsmittel zurückgreifen, weil sie andere Formen nicht gelernt haben.

Wer Grenzen zieht, ja ziehen muss, sollte darauf achten, dass er dabei die körperliche und seelische Integrität der Schülerinnen und Schüler nicht verletzt. Und er sollte Grenzziehung auch nicht so eng auffassen, dass sofort bestraft werden muss. Wenn Schülerinnen und Schüler frühzeitig und unmissverständlich Normen verdeutlicht werden, sinkt die Wahrscheinlichkeit von Grenzüberschreitungen. Die Normverdeutlichung erfordert vom Erwachsenen die Fähigkeit, Verhaltenserwartungen klar und deutlich zu formulieren:

«Du darfst erst spielen, wenn du deine Hausaufgaben gemacht hast.»

«Ich erwarte, dass ihr euch gründlich auf diese Klassenarbeit vorbereitet.»

«Gestaltet eure Hefteinträge so, dass ein anderer sie lesen kann.»

Wer Grenzen zieht, muss natürlich auch wissen, wie er handelt, wenn trotz Normverdeutlichungen Grenzen überschritten werden. Nichts ist nämlich für die Verhaltensentwicklung schädlicher als Inkonsequenz. Bei Grenzverletzungen stehen dem Erziehenden Sanktionsmöglichkeiten zur Verfügung, die die körperliche und seelische Integrität des Heranwachsenden nicht verletzen.

Hierzu zählen vor allem das Prinzip der natürliche Folgen (Dreikurs/Grey 2000). Thomas hat seine Vokabeln nicht gelernt und darf jetzt nicht fernsehen. Steffi hat sie zum wiederholten Male die Mathe-Hausaufgaben nicht gemacht und muss diese am heutigen unterrichtsfreien Nachmittag in der Schule erledigen. Ralf muss seinen schlampigen Hefteintrag nochmals anfertigen, und zwar so, dass auch andere ihn lesen können. Die Aufforderungen und Verbote, die man in einer solchen Erziehungssituation ausgesprochen werden müssen, sind nicht verhandelbar. Sie werden vom Heranwachsenden nur akzeptiert, wenn der Erziehende von dem, was er an Konsequenzen angedroht hat, nichts zurücknimmt. Konsequent sein heißt in diesem Fall standhaft bleiben! Der dabei auftretende seelische Stress lässt sich besser verarbeiten, wenn man weiß, dass es eine Wohltat der festen Grenzen gibt.

Zum Nachdenken

Es war einmal ein Junge, der in einer sehr reichen Familie aufwuchs. Er hatte einen eigenen Butler, der ihm ganz zur Verfügung stand. Er bekam, was er wollte. Niemand widersprach ihm. Auf einer Bahnfahrt wagte es ein Elternteil, ihm etwas nicht zu erlauben. Aus Wut über dieses Verbot sprang er aus dem Zug. Er überlebte und wurde von einem Cowboy gefunden. Dieser brachte ihn zu seinem Viehtreck. Der Junge wollte von den Cowboys sofort nach Hause gebracht werden. Sie bedeuteten ihm unmissverständlich, dass dies nicht möglich sei. Er müsse dableiben, bis der Treck sein Ziel erreicht habe. Der Junge machte einen fürchterlichen Aufstand, wovon die Cowboys unbeeindruckt blieben. Dafür, dass er blieb, verlangte er Gegenleistungen. Er forderte von den Cowboys, ihn ausschlafen zu lassen, das Frühstück zu bringen und seine Wünsche zu erfüllen. Diese lachten ihn aus.

Einer, der auf ihn aufzupassen hatte, beauftragte ihn mit kleineren Tätigkeiten, worauf sich der Junge weigerte. Die Folge war, dass er erst etwas zu essen bekam, nachdem er seine Pflichten erledigt hatte. Allmählich akzeptierte der Junge die Regeln der Cowboy-Gemeinschaft. Zwischen seinem Betreuer und ihm entstand eine Freundschaft. Es machte ihm zunehmend Spaß zu arbeiten. Auch die anderen Cowboys begannen ihn zu mögen. Er empfand sich als einer der ihren und fühlte sich bei ihnen wohl. Als er nach längerer Zeit wieder nach Hause zurückgekehrt war, hatte er sich total verändert. Er war nicht mehr der kleine verwöhnte Schlaraffianer, der er einst war.

Nach Wyrwa, H.: Die Schlaraffenlandkinder. Weinheim und Berlin: Beltz Quadriga 1998.

7.5 Konstruktive Kritik

«Kritik ist leicht, die Kunst ist schwer.»

André Cardinal Destouches

Lässt das Lern- und Arbeitsverhalten zu wünschen übrig oder bleibt es völlig aus, kann Kritik ein Erziehungsmittel der Wahl sein. Kritik sollte jedoch sparsam verwendet werden. Denn je häufiger und massiver Kritik geäußert wird, desto stärker wird die Lehrer-Schüler- beziehungsweise Eltern-Kind-Beziehung gestört. Folge davon kann sein, dass das Vertrauen zerbricht und das Selbstwertgefühl weitgehend zerstört wird.

Schülerinnen und Schüler sind dann bereit, Kritik anzunehmen, wenn aus der Botschaft eindeutig hervorgeht, dass die Kritik auf das Fehlverhalten gerichtet und diesem angemessen ist. In diesem Fall spricht man von konstruktiver Kritik. Wird die Schülerin oder der Schüler aber durch den Tadel als Person verletzt und verdammt, indem er zum Beispiel als Taugenichts hingestellt wird, handelt es sich um eine destruktive Kritik. Ihr mangelt es an der nicht verdammenden Grundakzeptanz, die der konstruktiven Kritik noch inne wohnt. Die konstruktive Kritik bringt klar zum Ausdruck: «Ich mag dich weiterhin, aber ich mag dein Fehlverhalten nicht.» Die destruktive Kritik kränkt die Person. Sie bringt Beziehungsbrücken zum Einsturz, lässt den Kritisierten nach Rache sinnen und verstärkt Leistungsverweigerungen.

Die Annahme konstruktiver Kritik wird erhöht, wenn sie mit einem Teillob verknüpft wird (Roth 1983). Wenn ein Schüler bei ein und demselben Lehrer in Mathematik gut mitarbeitet, in Physik jedoch nicht, könnte die konstruktive Kritik lauten: «Ich würde mich freuen, wenn du in Physik genauso gut mitarbeiten würdest wie in Mathematik.»

Beachtet werden sollte auch, dass der Abstand zwischen der kritisierenswerten Handlung und der Kritik nicht zu lange wird. Sofort zu kritisieren ist aber nicht immer gut, insbesondere dann, wenn dies vor der Klasse oder in Gegenwart von Geschwistern geschieht. Dies wird von sensiblen Schülerinnen und Schülern meist als Bloßstellung erlebt, was die motivierende Wirkung der Kritik wieder zunichte macht. In diesem Fall ist es besser, die Kritik an einem separaten Ort mitzuteilen.

Was tun, wenn auch konstruktive Kritik ein Fehlverhalten nicht verändern kann? Dann bleibt nichts anderes übrig als das Lernen an den Konsequenzen (siehe Kap. 7.4). Die natürlichen Folgen des eigenen Fehlverhaltens (z. B. Entzug von Annehmlichkeiten) führen am ehesten zu Einstellungs- und Verhaltensänderung.

Zum Nachdenken

Es war einmal ein Rabbi, der vom Volk wie ein Gott verehrt wurde. Jeden Tag standen viele Menschen vor seiner Tür, die um Rat baten, Heilung begehrten oder auch nur seinen Segen wollten. Jedes Mal, wenn der Rabbi sprach, hingen die Menschen an seinen Lippen und nahmen jedes Wort in sich auf. Unter den Zuhörern war ein unangenehmer Bursche, der dem Rabbi widersprach, wann immer er konnte. Er achtete genau auf die Schwächen des Rabbi und machte sich zum Ärger der anderen Zuhörer über dessen Fehler lustig, weshalb sie in ihm die Verkörperung des Teufels sahen.

Eines Tages wurde der Bursche krank und starb. Alle waren erleichtert. Äußerlich sah man es ihnen nicht an, aber in ihrer Seele waren sie froh, dass der Rabbi nun ungehindert reden konnte und er von diesem respektlosen Menschen nicht mehr kritisiert wurde.

Alle waren erstaunt, als sie sahen, dass der Rabbi bei der Beerdigung des teuflischen Burschen ehrlich trauerte. Als er danach von einem Zuhörer gefragt wurde, ob er das unabänderliche Schicksal des Kritikers beklage, sagte er: «Nein, nein. Warum sollte ich um unseren Freund trauern, der nun im Himmel ist? Ich klage um mich selbst. Dieser Mann war mein einziger Freund. Hier bin ich von Menschen umgeben, die mich wertschätzen. Er war der einzige, der mich durch seine Kritik herausgefordert hat. Ich habe Angst, nicht mehr weiter zu wachsen, nachdem er nun von uns gegangen ist.» Nach diesen Worten weinte der Rabbi bitterlich.

Nach Mello, A. de: Wer bringt das Pferd zum Fliegen? Weisheitsgeschichten. Freiburg: Herder 1989.

7.6 Ermutigung

«Jedes Kind braucht fortgesetzt Ermutigung, genau wie eine Pflanze Wasser braucht.»

Alfred Adler

Es gibt Schülerinnen und Schüler, die durchaus anstrengungsbereit sind, aber aufgrund von ständigen Misserfolgserlebnissen das Vertrauen in die eigene Leistungsfähigkeit verloren haben. In diese demotivierende, entmutigende Grundstimmung geraten sie häufig durch Kommentare von Lehrerinnen und Lehrern, Eltern und Mitschülerinnen und Mitschülern. Besonders schädlich sind jene, die ihm suggerieren, es mangele ihm an Fähigkeiten.

Wenn eine Schülerin oder ein Schüler in einer Misserfolgsserie steckt, muss jeder Kommentar sorgsam überlegt werden. Insbesondere dann, wenn es sich um einen sensiblen und suggestiven Persönlichkeitstyp handelt. Notwendig ist in dieser Situation Ermutigung, und zwar von der gesamten Lernumwelt. Ermutigung erfordert vom Erziehenden viel Einfühlungsvermögen. Sie bedeutet zunächst einmal

- Einfühlung,
- Anteilnahme,
- Verständnis,
- Unterstützung.

Schon allein die Frage «Wie kann ich dir helfen?» kann ein wichtiges Signal sein. Will man Misserfolgsschülerinnen und Misserfolgsschülern wirksam helfen, reicht eine punktuelle Ermutigung jedoch nicht aus. Hinzu kommen muss eine kontinuierliche Aufbauarbeit. Das heißt, dass jeder positive Ansatzpunkt zu würdigen ist. Dieser ist auch in schlechten Klassenarbeiten zu finden, wenn man sich darum bemüht, nicht nur die Löcher im Käse zu sehen, sondern auch das Gute herum (Schweizer-Käse-Prinzip). Und es müssen Erfolgsgelegenheiten geschaffen werden. «Für ein entmutigtes Kind ist schon der kleinste Erfolgsbeweis ein starkes Antriebsmittel, denn es hat selten

Erfolg gehabt und ist überzeugt, dass es nie so weit kommen würde» (Dreikurs u. a. 1983, S. 80).

Entscheidend bei der weiteren Aufbauarbeit ist, dass jede Note, die besser ist als die vorherige, gewürdigt wird. Eine Vier bis Fünf statt einer Fünf sollte nicht nur am Klassendurchschnitt, sondern an der bisherigen individuellen Leistungsentwicklung gemessen werden (= individuelle Bezugsnorm). Wichtig ist auch, dass die Leistungsverbesserungen der Schülerin oder dem Schüler als Lohn seiner Anstrengung und als Beweis seiner Fähigkeiten vor Augen gehalten werden. Denn die Gefahr ist immer noch da, dass die bessere Note auf den Zufall oder leichtere Schwierigkeitsgrade zurückgeführt wird und somit das negative Selbstbild erhalten bleibt.

Die seelische Hilfe muss durch Lernhilfen und Lernberatungen ergänzt werden. So sollte auf der Basis der bisher geschriebenen Klassenarbeiten eine Fehleranalyse durchgeführt werden. Ziel ist die Feststellung von Fehlerschwerpunkten, zu deren Abbau ein individuelles Wiederholungsprogramm entwickelt werden kann. Die Aneignung effektiverer Lerntechniken kann den Genesungsprozess bedeutsam fördern (siehe Kap. 7.11).

Zum Nachdenken

Zwei Forscher gerieten im Hochgebirge von Tibet in einen Schneesturm. Da sahen sie plötzlich einen Mann, der im Schnee den Abhang hinuntergestürzt war und hilflos an einem Felsvorsprung hing. Der eine Forscher wollte sofort hinuntersteigen und dem Verunglückten helfen. Der andere weigerte sich mitzugehen. «Niemand kann von mir verlangen, dass ich mich um jemanden bemühe, während ich selbst in Gefahr bin umzukommen», sagte er. «Immerhin», meinte der erste, «wenn wir schon sterben müssen, ist es gut, wir sterben, indem wir anderen helfen.» Der zweite Forscher wandte sich ab und ging seines Wegs, er änderte seine Meinung nicht.

Der Hilfsbereite stieg zu dem Verunglückten hinunter, hob ihn unter großer Gefahr mühsam auf seine Schultern und trug ihn bergan. Durch diese Anstrengung wurde ihm warm, und seine

Wärme übertrug sich auch auf den schon ganz steifen Verunglückten.

Unterwegs traf der Retter auf seinen früheren Begleiter. Müde, wie er war, hatte er sich niedergelegt und war im tiefen Schnee erfroren.

Der Helfer hatte nicht nur einen Mitmenschen, sondern auch sich selbst vor dem Tod des Erfrierens gerettet.

Aus Till, M.: Lautlos schreien – unbewegt tanzen. Geschichten und Parabeln aus aller Welt. Ergolding: Drei Eichen Verlag 1992.

7.7 Geduld

«Geduld ist die Kunst zu hoffen.»

Friedrich Schleiermacher

Geduld ist das beherrschte Ertragen von etwas, das lange braucht, um gut zu werden. Geduld ist das Gegenteil von Ungeduld bzw. von der Unfähigkeit warten zu können.

Wer Lernmotivation fördern möchte, braucht Geduld. Motivation lässt sich selten von heute auf morgen wirksam verändern. Ihr jetziger Zustand ist über einen langen Zeitraum hinweg entstanden. Und, um das zu werden, was sie wunschgemäß sein sollte, benötigt sie viel Entwicklungs- und Änderungszeit.

Die Motivationsentwicklung ist eine zielkonstante Schnecke und kein aufgeregtes Känguru. Erst allmählich gelingt es dem unselbstständigen Kind Hausaufgaben weitgehend allein zu machen. Es muss lernen, richtig zu starten, den Ablauf zu planen, den Stoff gründlich zu verarbeiten, Aufgaben schrittweise zu lösen, Ablenkungen zu beseitigen, sich selbst zu kontrollieren oder Nachschlagewerke zu benutzen. Genauso viele Etappen sind notwendig, bis man von der Fünf in einem Kernfach wegkommt. Es dauert einige Zeit, bis Rückstände aufgeholt sind und in kleinen Noten-Schritten die Drei erreicht wird.

Im Prozess der Motivations- und Leistungsänderung ist der Erwachsene in erster Linie Berater und Begleiter, der sparsam interveniert, lobt und ermutigt. Geduld darf nicht mit Gewährenlassen verwechselt werden. Gewährenlassen heißt, dass der Erwachsene sich aus seiner Verantwortung entfernt, das Kind sich weitgehend selbst überlässt und erst wieder aufmerksam wird, wenn es versagt und nicht weiter weiß.

Geduld heißt letztlich auch, dass der Erwachsene lernschädliche, destruktive Affekte kontrolliert. Eine Killerbotschaft genügt oft schon, und die Änderungsmotivation des Kindes ist zerstört. Diese Affektkontrolle gelingt um so besser, je mehr man an seine Änderung glaubt und je aufmerksamer man die kleinen Änderungsschritte wahrnimmt und würdigt.

Die Geduld ist dann berechtigterweise zu Ende, wenn das Kind das Vertrauen, das man ihm schenkt, missbraucht. In diesem Falle sind Grenzziehungen vonnöten (siehe Kap. 7.4).

Zum Nachdenken

Ein chinesischer Bauer hatte seine Reispflänzchen zur rechten Zeit in den Boden eingebracht und versäumte keinen Morgen, zum Feld zu gehen, um nach dem Gedeihen der noch zarten Halme zu schauen. Die Voraussetzungen dazu waren gut: Er hatte gedüngt, fleißig gewässert und auch die Pflanzen sicher und fest im Boden eingedrückt. Die Sonne schien, und die Luft war lau und mild. Zwei Wochen gingen ins Land – unser Bauer wurde ungeduldig. Die Pflanzen schienen ihm nur wenig größer geworden zu sein. Er sann auf ein Mittel, den Trieb zu beschleunigen. Es kam ihm nichts Besseres in den Sinn, als an den Halmen täglich ein bisschen zu ziehen. Als er aber am siebten Tag aufs Feld kam, was musste er sehen? Die Pflänzchen lagen welk und entwurzelt im Wasser und er musste mit seiner Arbeit von vorne beginnen.

Aus dem alten China

7.8 Erziehungskonsens

«Schule funktioniert nur, wo gemeinsame Wertvorstellungen herrschen, man gemeinsam verstandenen Prinzipien folgt.»

Hartmut von Hentig

Vom Schulklima gehen bedeutsame Einwirkungen auf die Lernmotivation der Schüler aus. Dies ist die zentrale Erkenntnis der inzwischen weltberühmt gewordenen Schulvergleichsstudie von Rutter (1980). Ähnlich wie in Betrieben gibt es in der Schule ein Ethos, das Lehrende und Lernende motiviert. Kernstück dieses Ethos ist der pädagogische Grundkonsens. Darunter ist die Übereinstimmung in Bezug auf grundsätzliche Erziehungsziele, Leistungserwartungen und Erziehungsmittel zu verstehen.

Ist sich die Lehrerschaft hinsichtlich dessen, was sie von den Schülerinnen und Schülern fordern soll, uneinig, leidet das Lern- und Leistungsverhalten. Sehr schädlich ist es zum Beispiel, wenn die einen Lehrerinnen und Lehrer Hausaufgaben gering schätzen und entsprechende Lernkontrollen ablehnen, die anderen aber das Gegenteil signalisieren und verlangen. Eine solche Uneinigkeit wirkt auf die Schülerinnen und Schüler desorientierend und erschwert die Verinnerlichung von Leistungserwartungen. Was ein Kollege aufbaut, wird vom anderen wieder abgebaut. Unerlässlich ist es deshalb, dass ein Lehrerkollegium den pädagogischen Grundkonsens immer wieder zum Thema macht.

Am notwendigsten ist der Grundkonsens auf der Klassenebene. Seine Verwirklichung lässt sich am besten fördern, wenn man am Schuljahresbeginn in jeder Klasse eine pädagogische Konferenz durchführt, auf der die Ziele der Schuljahresarbeit bestimmt und deren Umsetzung kooperativ geplant werden (siehe unten). Während des Schuljahres muss in weiteren Konferenzen immer mal wieder das gemeinsame pädagogische Handeln kritisch reflektiert werden. Hierzu dienen folgende Leitfragen:

- Wo ist es uns gelungen an einem Strang zu ziehen?

- Wo gibt es Schwierigkeiten?
- Wie können diese Schwierigkeiten behoben werden?

Dasselbe, was gerade eben ausgeführt wurde, gilt natürlich auch für die Familie. Auch dort richtet Dissens Schaden an. Gehen die Leistungserwartungen zu stark auseinander, identifiziert sich das Kind mit dem Elternteil, der weniger fordert. Deshalb ist es unerlässlich, dass die Eltern in einem konstruktiven Dialog ihre Leistungserwartungen klären und gemeinsam in die Erziehungspraxis umsetzten.

Pädagogische Konsensbildung

Die in einer Klasse unterrichtenden Lehrerinnen und Lehrer, auch Klassenteam genannt, treffen sich am Schuljahresbeginn, um ihre persönlichen pädagogischen Konzepte auszutauschen. Zu Beginn notiert jede Teilnehmerin, jeder Teilnehmer stichwortartig Antworten auf folgende Fragen:

- Wie hoch sind meine Leistungserwartungen im Allgemeinen?
- Welchen Umfang haben die von mir gestellten Hausaufgaben?
- Wie häufig kontrolliere ich die Hausaufgaben?
- Was erwarte ich von der äußeren Form der Hausaufgaben?
- Wie reagiere ich, wenn Schüler Hausaufgaben versäumen?
- Welche Erwartungen habe ich an das Disziplinverhalten der Schülerinnen und Schüler?
- Wie reagiere ich auf Disziplinstörungen?
- Was halte ich von der Delegation von Verantwortung?
- Was erwarte ich von den Eltern?
- Wie intensiv soll der Kontakt zum Elternhaus gepflegt werden?

Anschließend werden die persönlichen pädagogischen Vorstellungen im Gespräch ausgetauscht. Darauf aufbauend schreiben alle auf Moderationskarten stichwortartig und konkret (z. B. versäumte Hausaufgaben nachholen) auf, wo gemeinsam im Sinne eines Grundkonsenses gehandelt werden muss. Die Karten werden nun zu Clustern gruppiert und mit Überschriften versehen. Nach dieser Erhebung wird bilanziert, wo es Konsens und wo es Dissens gibt. Die weitere Gruppenarbeit muss sich nun darauf konzentrieren, die verschiedenen Standpunkte zunächst noch einmal zu beleuchten und dann im konstruktiven Gespräch eine Einigung hinsichtlich grundsätzlicher pädagogischer Grundsätze zu erreichen. Diese Prozedur kann auch in Form einer Mehrpunktabfrage durchgeführt werden. Jeder teilnehmende Person bekommt hierfür Klebepunkte. Die Zahl der Klebepunkte wird nach folgender Formel errechnet: Anzahl der Alternativen dividiert durch zwei. Aufgrund der Punktvergabe wird dann ersichtlich, wo konsensuell gehandelt werden muss.

Zum Nachdenken

Torsten, ein Grundschüler der Klasse 2, wird dem Schulpsychologen vorgestellt, weil er sich im Unterricht öfters weigert, Arbeitsaufträge auszuführen. Auf Ermahnungen und Aufforderungen der Lehrerin reagiert er trotzig, beispielsweise mit folgender Antwort: «Ich hab' jetzt keine Lust, das ist ja langweilig.» Sein Problemverhalten bringt die Klasse durcheinander, einige Schüler beginnen ihn zu imitieren. Zu Hause sieht sein Verweigerungsverhalten ähnlich aus. Er macht die Hausaufgaben nur, wenn die Mutter daneben sitzt und diese mit ihm zusammen Schritt für Schritt erledigt.

Der Vater hält sich aus den täglichen Erziehungskämpfen heraus, indem er auf seine berufliche Überlastung hinweist. Bittet ihn die Mutter um mehr Unterstützung und Grenzziehung, antwortet er stereotyp: «Das ist nur vorübergehend, der wird seinen Weg schon machen!» Beide Eltern stehen dem Problem hilflos gegenüber. Zum einen sind sie zur Einsicht gelangt, dass sie durch Uneinigkeit, Verwöhnung und mangelnde Grenzziehung zur Problementstehung wesentlich beigetragen haben. Zum anderen gelingt ihnen eine Änderung ihres Erziehungsverhaltens nicht. Beide stellen resigniert fest, dass Torsten inzwischen die Familie regiert. Es ist erstaunlich, dass er trotz dieser Schwierigkeiten momentan noch kein schlechter Schüler ist. In Mathematik sind seine Leistungen gut, in Deutsch befriedigend. Aus einem Intelligenztest geht eine gute Begabung hervor. Die Lehrerin ist darüber nicht verwundert. Ihr Kommentar: «Das kann ich bestätigen. Wenn er mal mitmacht, gibt er kluge Antworten.»

7.9 Neugierweckung

«Die größte Plage der Schule ist die Langeweile – sie ist es noch immer.»

Hartmut von Hentig

Der Mensch hat ein angeborenes Bedürfnis nach Reizzufuhr, was auch Neugier genannt wird. Die Neugier entspricht bezüglich der Triebstärke dem Hunger, dem Durst oder der Liebe. Durch Neugier lernen die Heranwachsenden die Umwelt zu erfahren und zu erkunden. Es gibt keine Aneignung von Wissen ohne dieses Grundbedürfnis. Allerdings ist es nicht so, dass die Neugier das Kind von selbst erfahren und wissend macht. Die erste Lernumwelt, nämlich die Familie, muss im Kind diesen Urmotor des Lernens wecken und ihn durch Anregung, Forderung und Förderung zum Laufen bringen. Nicht wenige Eltern tun das Gegenteil, indem sie das Erkundungsstreben und Fragen abbremsen und unterbinden. Ihnen sind brave, ruhige Kinder lieber. Dass sie dadurch die Lernmotivation hemmen, ist ihnen oft nicht bewusst. Eine frühe Förderung des Wissensdranges bedarf der gezielten Neugierweckung. Dazu gehört vor allem, dass Kinder zum Fragen ermuntert werden, ein aktives Spielangebot erhalten, mit der Buchkultur vertraut gemacht werden und ihre nähere und fernere Umwelt kennen lernen.

Die Neugierweckung muss in der Schule fortgesetzt werden. Nach Roth (1983, S. 230) besteht eine wesentliche Aufgabe des Unterrichtens darin, «den Lernstoff zu einem Neugierproblem zu machen». Dies ist allerdings leichter gesagt als getan, denn außerhalb der Schule wird die Neugier der Kinder und Jugendlichen durch ein vielfältiges Freizeit- und Medienangebot intensiv befriedigt. Somit muss der Lehrer bereits im Stadium der Unterrichtsvorbereitung genau überlegen und planen, wie durch paradoxe Einstiege, Widerspruch erzeugende Fragen, spannende Berichte und Suggestionen die Lernenergien mobilisiert werden können.

Ein spezielles Mittel der Neugierweckung ist die Interessenanknüpfung. Darunter versteht man die Einbeziehung von Freizeitinteressen und außerschulischen Erfahrungen in die Stoffvermittlung. Beispiele hierfür sind das Texten von Rap-Songs, Wetter- und Wachstumsbeobachtungen, Internet-Recherchen, Erforschung der Orts- und Stadtgeschichte oder Schadstoffanalysen. Wer dies erfolgreich tun möche, muss die Interessen seiner Schülerinnen und Schüler erforschen – durch Gespräche oder schriftliche Befragungen.

Zum Nachdenken

Die drei Psychologen W. H. Bexton, W. Heron und T. H. Scott wollten durch ein Experiment erforschen, welche Folgen der Entzug neuer Reize auf die menschliche Psyche hat. Hierfür warben sie Versuchspersonen an, die für die Teilnahme eine gute Bezahlung erhielten. Ihre Aufgabe bestand darin, sich möglichst lange in einem Versuchsraum aufzuhalten, in dem das Reizniveau auf das Extremste reduziert war. Außer dem Summen des Ventilators hörten sie nichts. Sie lagen in einem Bett und durften sich nicht bewegen. Sie trugen eine dicke Mattglasbrille, durch die nur ein schwacher Lichtschimmer zu sehen war. Die Kommunikation mit den Versuchsleitern war auf ein Mindestmaß beschränkt. Den Versuchsraum durften sie nur zum Verrichten der Notdurft und zum Essen verlassen. Das Experiment wurde von kaum jemand länger als 48 Stunden ausgehalten.

Anfangs versuchten die Versuchspersonen zu schlafen. Dann traten negative Wirkungen auf: Unruhe, Erregbarkeit, Motivations- und Konzentrationsstörungen. Manche Teilnehmer berichteten darüber hinaus von Wahrnehmungsstörungen und Halluzinationen. Das heißt, dass die Psyche sich irgendwann selbst zu reizen beginnt, wenn sie keine neuen Reize mehr erhält.

7.10 Tätigkeitsangebote

«Die Tätigkeit ist, was den Menschen glücklich macht.»

Johann Wolfgang von Goethe

Der Mensch ist nicht nur neugierbedürftig, sondern er hat auch einen Tätigkeits- und Schaffensdrang. Denn täglich entsteht in seinem Körper, durch die Nahrungsaufnahme bedingt, ein Energiepotential, das umgesetzt werden möchte. Erhalten Kinder und Jugendliche keine Betätigungsmöglichkeiten, entstehen daraus Langeweile und Unlust.

Manche Motivationsstörung wurzelt darin, dass das Elternhaus dem natürlichen Tätigkeitsbedürfnis des Kindes nicht gerecht wird. Unter Beschäftigung wird großenteils Medienkonsum verstanden. Einen Großteil der Freizeit verbringen die Medienkinder mit Fernsehen, Videofilmen, Musikhören und Gameboy-Spielen. Kein Wunder, wenn diese Kinder und Jugendlichen dann sich nur schwer für andere Tätigkeitsformen motivieren lassen. Diese Passivierung lässt sich vermeiden, wenn

- Kinder schon früh Aktivitätsspielzeug (z. B. Holzbaukasten) erhalten,
- Eltern mit ihren Kindern viel basteln,
- getanzt, gesungen und musiziert wird,
- Bibliotheken und Ausstellungen besucht werden,
- Sport getrieben wird,
- häusliche Pflichten übernommen werden,
- Tiere gehalten und gepflegt werden,
- Kinder- und Jugendgruppen besucht werden,
- dem Medienkonsum deutliche Grenzen gesetzt werden.

Nicht nur in der Familie, sondern auch in der Schule gibt es Unlust erzeugende Aktivitätsstaus. Nach wie vor krankt der Unterricht daran, dass er den Schülerinnen und Schülern zu wenige Handlungsmöglichkeiten anbietet. Der Unterrichtsforscher Hage (1985) hat diesen Aktivierungsmangel empirisch belegt. Seinen Untersuchungsergebnissen ist zu entnehmen, dass der Unterricht immer noch großenteils aus Lehrervorträgen besteht (77 %), nur ein kleiner Rest verteilt sich auf aktivere Formen wie Einzelarbeit (10 %), Gruppenarbeit (7 %), Partnerarbeit (3 %) und Klassenkooperation (3 %). Kein Wunder, dass nur noch knapp ein Drittel der Schülerinnen und Schüler den Unterricht ganz interessant findet (IFS-Schulbarometer 2000).

Aus Schülersicht kommen im Unterricht schüleraktive Formen zu kurz (Bessoth 1995, IFS-Schulbarometer 2000). Sie wünschen sich mehr Gruppenarbeit, mehr Lehrer-Schüler-Dialoge, mehr selbstständige Arbeit an selbst gewählten Aufgaben und mehr Gelegenheit zur Durchführung eigener Untersuchungen.

Wichtig zu wissen ist, dass die Schülerinnen und Schüler weiterhin den Lehrer als Lernprozess-Lotsen wünschen und auch den Frontalunterricht nicht ablehnen. Am idealsten ist für sie ein regelmäßiger Wechsel zwischen lehrer- und schüleraktiven Phasen.

Der Unterricht muss, will er motivieren, viel Gelegenheit zur Selbsttätigkeit enthalten. Von einem tätigkeits- und handlungsorientierten Unterricht kann dann gesprochen werden, wenn Schüler zum Beispiel

- ein Buch produzieren,
- eine Homepage bauen,
- eine Klassenzeitung machen,
- eine Lektüreszene im Rollenspiel darstellen,
- ein Modell bauen,
- eine Reportage machen,
- eine Lernkartei entwickeln,
- Sammelmappen anlegen,
- eine Fragebogenaktion durchführen,
- ein Stadtsanierungsmodell entwerfen.

Der schüleraktive Unterricht bedarf einer guten Planung, Vorbereitung und Steuerung. Er erfordert mehr Aufwand als der Unterrichtsvortrag, was sich über kurz oder lang in Form besserer Lernmotivation auszahlt.

Sehr motivationsförderlich ist auch die Teilnahme an lokalen regionalen und bundesweiten Schülerwettbewerben. Vor allem leistungsstarke und besonders begabte Schülerinnen und Schüler fühlen sich durch die Aufgabenstellungen positiv herausgefordert. Sie lernen das selbstständige Arbeiten, das ausdauernde Problemlösen und sammeln auch soziale Erfahrungen. Wichtig ist, dass Lehrerinnen und Lehrer sowie die Eltern über das inzwischen vielfältige Wettbewerbsangebot informiert sind. Während man Hinweise auf lokale und regionale Wettbewerbe häufig der Tagespresse entnehmen kann, ist dies bei bundesweiten Wettbewerben nicht immer der Fall. Wer darüber mehr erfahren möchte, kann sich im deutschen Schulweb online informieren (http://www.schulweb.de/wettbewerbe.html). An Schülerwettbewerbe können sich sowohl einzelne Schülerinnen und Schüler beteiligen als auch Klassen, Gruppen und Teile von Klassen.

Schüleraktive Unterrichtsmethoden im Überblick

Bienenkorb

Nach einer schriftlichen (z. B. Text) oder mündlichen (z. B. Lehrervortrag) Informationsphase tauschen sich die Schülerinnen und Schüler in Zweier- oder Dreiergruppen über das Erfahrene aus und überlegen sich Fragen. Diese Fragen werden anschließend im Plenum bekannt gegeben und beantwortet.

Brainstorming

Den Schülerinnen und Schülern wird die Lösung eines Problems aufgegeben. Hierzu wird die Klasse in Gruppen aufgeteilt. Ziel ist es, Lösungsideen zu sammeln und daraus die geeignetsten auszuwählen. Jeder schreibt Ideen auf Moderationskarten. In einer anschließenden Austauschrunde gibt jeder seine Idee bekannt. Während dieses Austauschprozesses darf keine Idee kritisiert werden. Anschließend werden die Ideen nach dem Kriterium der Ähnlichkeit gruppiert und gemeinsam bewertet. Ziel dieser Bewertung, die auch durch Punktvergabe erfolgen kann, ist es, die lösungstauglichsten Ideen auszuwählen. Jede Gruppe stellt ihr Ergebnis im Plenum kurz vor. Am Ende des Plenums kann nochmals eine Ideenauswahl beziehungsweise Bewertung stattfinden.

Einzelarbeit
Die Schülerinnen und Schüler bewältigen eine Lernaufgabe allein. Der Aufgabeninhalt kann übend-festigend oder problemlösend sein. Einzelarbeit ermöglicht die Anwendung von Kenntnissen und Methoden. Sie kann an klassischem Lernmaterial erfolgen, aber auch am Computer.

Freiarbeit
Ziel der Freiarbeit ist die Verselbstständigung der Schülerinnen und Schüler, indem sie Verantwortung für ihr Lernen übernehmen. Mit Hilfe von Aufgabenmaterial, das von der Lehrperson sorgfältig vorbereitet wird, unterrichten sich die Schülerinnen und Schüler selbst – entweder allein oder gemeinsam. Hierfür ist auch eine Umgestaltung des Klassenzimmers vonnöten. Bevor mit der Freiarbeit als neuer Unterrichtsform begonnen wird, müssen mit den Schülerinnen und Schülern Arbeitsregeln vereinbart werden (z. B. «Wenn du mit einer Aufgabe begonnen hast, führe sie zu Ende»).

Gruppenpuzzle
Am Beginn führt die Lehrperson in das Thema ein. Nun wird das Thema in Teilthemen aufgeteilt. Zu den Teilthemen werden Expertengruppen gebildet, die sich in einer Gruppenarbeit mit dem Thema intensiv befassen. Hinterher werden neue Gruppen gebildet, in denen jeweils ein Experte eines Teilthemas vertreten ist. Jeder Experte erklärt den anderen sein Thema. Im Schlussplenum werden offen gebliebene Fragen geklärt und die Gruppenarbeit wird gemeinsam reflektiert.

Kartenabfrage
Den Schülerinnen und Schülern wird eine Frage vorgegeben. Sie schreiben ihre Antworten stichwortartig mit einem Filzstift deutlich lesbar auf Karten (pro Karte nur ein zentraler Gedanke). Die Karten werden vorgelesen und im Konsens mit der Klasse an der Stellwand

thematisch gruppiert. Jede Karten-Gruppe erhält einen treffenden Oberbegriff. Falls darüber hinaus eine Gewichtung vonnöten ist, kann diese mit Hilfe von Klebepunkten vorgenommen werden. Die Zahl der Klebepunkte pro Person wird nach folgender Formel errechnet: Anzahl der Alternativen dividiert durch zwei.

Leittext-Lernen
Im Mittelpunkt dieser aus der Berufsausbildung stammenden Methode steht ein aus systematischen Leitfragen bestehender Text. Die Lerneinheiten werden allein oder in Gruppen durchgeführt, und zwar in fünf aufeinanderfolgenden Stufen:

1. Information über die Aufgabe
2. Planung der Ausführung
3. Entscheidung über die Ausführung
4. Ergebniskontrolle
5. Bewertung der Ausführung und des Ergebnisses

Die Lehrperson hält sich während des Lernprozesses zurück und tritt erst wieder in der letzten Stufe als Berater und Rückmelder aktiv in Erscheinung.

Meinungsecken
Zu einem Thema, zu Entscheidungsalternativen oder zu einem Problem werden verschiedene Meinungen formuliert. Diese werden in verschiedenen Ecken des Raumes aufgehängt. Die Schülerinnen und Schüler ordnen sich den Meinungsecken selbst zu. Dort tauschen sie ihre Meinungen und Argumente aus. Anschließend trägt ein Gruppenmitglied das Gesprächsergebnis im Plenum kurz vor.

Methode 66
Um ein Problem intensiver zu reflektieren, Ursachen zu suchen oder Ideen zu sammeln, kann eine Klasse kurzfristig in Gruppen aufgeteilt werden. Jeweils sechs Teilnehmer finden sich in einer Gruppe zusammen und tauschen sich sechs Minuten aus. Das wichtigste Ergebnis

(z. B. Lösungsvorschlag) wird von der Gruppe ans Plenum zurückgemeldet. Auf der Grundlage der Gruppenarbeitsergebnisse wird die Plenumarbeit fortgesetzt.

Partnerarbeit
Partnerarbeit lässt sich relativ schnell organisieren. Gut geeignet ist sie für die Materialsuche und Materialaufbereitung. Auch das lückenschließende Lernen beziehungsweise die Lernkontrolle lassen sich in dieser Form durchführen. Was die Zusammensetzung betrifft, können zwei gleich Leistungsstarke als auch ein Starker und ein Schwacher (= Lernhilfe) ein Tandem bilden.

Planspiel
In diesem speziellen Arrangement werden Konflikte (z. B. Ansiedlung eines Industriebetriebs in einer Stadt) modellhaft bis zu einer Entscheidung durchgespielt. Damit sie spielbar werden, müssen am Sachverhalt einige didaktische Reduktionen vorgenommen werden. Wem diese Arbeit zu aufwendig erscheint, der kann auf bewährte Spielvorlagen zurückgreifen. Auf der Grundlage des Planspiel-Materials lernen die Schülerinnen und Schüler die Problemsituation kennen, eignen sich Fachinformationen an und verschaffen sich einen Überblick über die Spieletappen, die Rollen und die Ereignisse. Danach entscheiden sie sich für die jeweiligen Rollen beziehungsweise Spielgruppen. Die Lehrperson leitet das Spiel zurückhaltend und wertet es anschließend mit den Spielerinnen und Spielern aus.

Projektlernen
Es handelt sich um ein gemeinsames, kontinuierliches, konzentriertes und intensives Befassen mit einem Thema. In einem Projekt lassen sich unterschiedliche Lern- und Arbeitsmethoden einsetzen, und zwar Techniken der Zeitplanung, der Aufnahme, Aufbereitung und Auswertung von Wissen, der Problemlösung sowie der Wissensvermittlung und Präsentation. Darüber hinaus sind die Schülerinnen und Schüler in ihrer Selbstverantwortung und Selbstständigkeit ganz besonders gefordert. Auf der Lehrerseite sind viel Experimentierfreude, Engagement, Kooperationsbereitschaft und Planung nötig.

Rollenspiel
Die Schülerinnen und Schüler versetzen sich einfühlsam in die Situation eines anderen und handeln entsprechend. Solche Lernformen sind dann geeignet, wenn es darum geht, soziale Einstellungen, Gefühle und Fertigkeiten zu erlernen. Hierzu gibt es in vielen Fächern und Stoffgebieten Spielanlässe. Man unterscheidet folgende Spielarten:

- das gelenkte Rollenspiel mit genauem Spielplan,
- das Rollenspiel mit strukturiertem Beginn und offenem Ende,
- das lediglich thematisierte, aber ansonsten spontane Rollenspiel.

Eine Klasse muss zunächst durch einfache Anfangsübungen mit dieser Unterrichtsform vertraut gemacht werden. Erst dann sind komplexere Spielaufgaben angebracht. Diese bedürfen der sorgfältigen Vorbereitung, der sicheren Spielleitung und der gründlichen Auswertung.

Stationenlernen
Es handelt sich um eine besondere Form der Freiarbeit. Die vorbereiteten Lernaufgaben und Lernmaterialien werden zu Stationen zusammengefasst, die im Klassenzimmer verteilt sind. Die Schülerinnen und Schüler lösen die einzelnen Stations-Aufgaben. Der individuelle Lernlauf wird auf Laufkarten notiert. Wenn die Einhaltung einer bestimmten Stationsfolge verlangt wird, spricht man von Lernzirkel.

Struktur-Lege-Technik
Die zentralen Begriffe eines Lerninhalts werden auf Kärtchen geschrieben. Die Schülerinnen und Schüler müssen die Kärtchen zu einer Struktur zusammenlegen. Dabei muss erkennbar sein, welche Begriffe inhaltlich zusammengehören. Die Aufgabe kann in Einzel-, Partner- oder Gruppenarbeit durchgeführt werden. Die gelegten Strukturen werden im Plenum erläutert und miteinander verglichen.

Textkooperation
Es werden Lerntandems gebildet. Alle Tandems erhalten einen Lerntext. Dieser Lerntext wird zunächst allein gelesen. Dann erläutert ein

Partner dem anderen die wesentlichen Punkte des ersten Abschnitts. Der Zuhörer kann Fragen stellen und ergänzen. Beim nächsten Textabschnitt werden die Rollen getauscht. Die Prozedur geht so lange weiter, bis der Text durchgearbeitet ist.

Wochenplanarbeit
Das Lernen wird von der Lehrperson so organisiert, dass alle Schülerinnen und Schüler einer Klasse sich in einem bestimmten Zeitraum mit bestimmten Aufgaben selbstständig beschäftigt haben müssen. Am Wochenbeginn bekommen die Schülerinnen und Schüler einen Plan mit den entsprechenden Aufgaben. Innerhalb der festgelegten Wochenplanzeiten werden die Aufgaben nach selbst festgelegter Reihenfolge erledigt. Im Plan wird die Erledigung vermerkt. Die Lehrperson steht als Lernhelfer und Lernberater zur Verfügung. Am Ende der Woche wird die geleistete Wochenplanarbeit gemeinsam besprochen. Diese Unterrichtsform bringt nicht nur die Selbstständigkeitsentwicklung voran, sondern fördert auch die Fähigkeit zur Lern- und Arbeitsplanung.

Zum Nachdenken

Eine Gruppe College-Studenten bat den Schriftsteller Sinclair Lewis, ihnen eine Vorlesung zu halten, indem Sie darauf hinwiesen, dass auch sie Schriftsteller werden wollten.

Lewis begann: «Wie viele von Ihnen wollen wirklich Schriftsteller werden?» Alle Hände gingen hoch.

«In diesem Fall hat es keinen Sinn, zu Ihnen zu sprechen. Der Rat, den ich Ihnen gebe, ist: Gehen Sie nach Hause, und schreiben Sie, schreiben, schreiben…»

Mit diesen Worten steckte er seine Notizen in die Tasche und ging hinaus.

Aus Mello, A. de: Wer bringt das Pferd zum Fliegen? Weisheitsgeschichten. Freiburg: Herder 1989.

7.11 Lernen lernen

«Überfüttert die Schüler nicht mit Fischen, sondern lehrt sie das Angeln.»

Gregory Bateson

Begründung von Lernen lernen

Das Intelligenzpotential der Schülerinnen und Schüler ist zwar eine notwendige, aber keine hinreichende Bedingung für den Schulerfolg. Hinzu kommen müssen Stützfaktoren, die es in entsprechende Schulleistungen umsetzen helfen. Unter diesen Stützfaktoren spielen Lern- und Arbeitsmethoden eine bedeutsame Rolle. So hat die Schulerfolgsforschung immer wieder nachweisen können, dass die Methodenkompetenz insbesondere in der Sekundarstufe ein Schlüsselfaktor des Schulerfolgs ist (Thiel/Keller/Binder 1979, Wang/Haertel/Walberg 1993/1994, Weinstein 1987).

Die Bedeutung des Lern- und Arbeitsverhaltens lässt sich nicht nur aus Schulerfolgsstudien, sondern auch aus der schulpsychologischen Analyse lernproblematischer Einzelfälle ersehen. Das Ursachenmuster weist deutlich darauf hin, dass es lern- und leistungsschwierigen Schülern vor allem an wirksamen Lernmethoden mangelt. Bestätigt wird dieser Befund durch den Vergleich leistungsstarker und leistungsschwacher Schülerstichproben (Haynes u. a. 1987, Keller 1993). Ergebnis der Vergleiche war, dass die Leistungsschwächeren signifikant mehr lern- und arbeitsmethodische Defizite aufwiesen.

Die zentralen Lernmethoden

Unter Lernmethoden versteht man Hilfen zur Erleichterung, Steuerung und Verbesserung des Lernprozesses. Zum einen handelt es sich um Methoden des Verstehens, Behaltens und Anwendens von Wissen. Zum anderen gehören hierzu auch Methoden der Selbstmotivierung, der Lernorganisation und des Sich-Konzentrierens.

Globales Ziel des Lern-Methodik-Trainings ist es, Schülerinnen und Schüler zu verselbstständigen. Zu fragen ist nun, welche Lern- und

Arbeitsmethoden trainiert werden sollen. Eine pädagogisch- praktische Antwort ist meinen zahlreichen Förderversuchen und Erfolgskontrollen zu entnehmen (siehe Keller 1999 a).

Lernstoff mehrkanalig aufnehmen

Alle Lernvorgänge beginnen mit der Aufnahme von Lernstoff über die verschiedenen Wahrnehmungskanäle in die Felder der Grosshirnrinde (siehe **Abb. 1**). Nichts ist im Gehirn, was nicht zuvor in den Sinnen war. Bereits in dieser ersten Lernphase treten die ersten Lernschwierigkeiten auf, weil relativ viele Lernende gegen das erste Grundgesetz des Lernens verstoßen. Dieses heißt: Ein Lernstoff wird im Gehirn um so besser verankert und vernetzt, je mehr Lernkanäle bei der Stoffaufnahme benutzt werden.

Nach meinen empirischen Erhebungen verarbeitet ein Drittel der Schülerinnen und Schüler den Lernstoff mehrkanalig, ein weiteres Drittel praktiziert diesen Lernstil nur in Lieblingsfächern und das restliche Drittel lernt einkanalig und oberflächlich, meist nur lesend und anschauend. Dieser passiv-rezeptive Lernstil wird in der Schülersprache auch als Reinziehen bezeichnet. Folge davon sind Verständnis-, Gedächtnis- und Konzentrationsprobleme.

Die notwendige Alternative zum einkanaligen Lernstil ist das mehrkanalige Lernen. Für die Schülerinnen und Schüler heißt dies:

- mehrkanaliges Fremdsprachenlernen (z. B. Vokabeln lesen, sprechen, schriftlich einprägen und abrufen)
- mehrkanaliges mathematisches Üben (z. B. Lösungsverfahren am Beispiel von Aufgaben Schritt für Schritt schriftlich trainieren)
- mehrkanaliges Sachfachlernen (z. B. in Geschichte selbst eine Zeitleiste herstellen)

In meinen Wirksamkeitsstudien hat sich das mehrkanalige Lernen als effektivste Lerntechnik erwiesen.

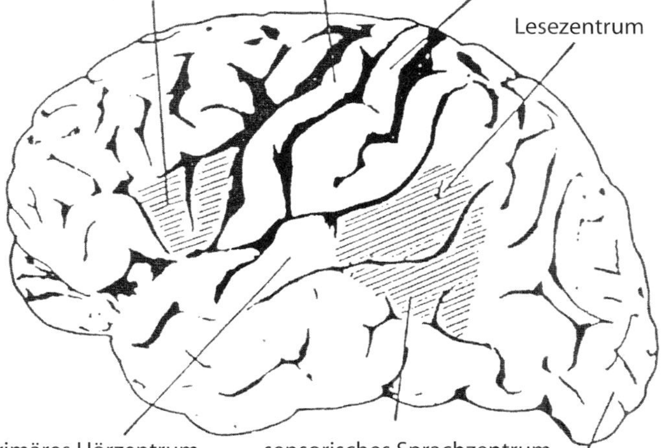

Abbildung 1: Felder der Großhirnrinde

Texte gründlich bearbeiten

Ein Großteil des Lernstoffs wird in Textform vermittelt. Viele Schülerinnen und Schüler haben Schwierigkeiten mit dem Verstehen und Behalten von Lerntexten. Aus einer meiner Lernverhaltensbefragungen geht hervor, dass Lerntexte 37 % gründlich, 40 % mal gründlich, mal oberflächlich und 23 % generell oberflächlich verarbeiten. Je oberflächlicher Lerntexte verarbeitet werden, desto schlechter ist der Lernerfolg. Aus diesem Grund gehört es zu den Hauptaufgaben der Lernförderung, Schülerinnen und Schüler zum systematischen Textlernen zu befähigen. Sie benötigen sowohl Techniken des Exlaborierens (Verstehen) als auch des Reduzierens (Zusammenfassen). Konkret heißt dies:

Elaborieren

- Verknüpfen mit dem Vorwissen
- Umformulieren in eigene Worte

- Bilder entwerfen
- Beispiele suchen
- Fragen entwerfen
- Nachfragen
- Nachschlagen

Reduzieren

- Unterstreichen/Markieren wichtiger Textstellen
- Herausschreiben von Schlüsselwörtern
- Subsummierung unter Oberbegriffen
- Anbringen von Randzeichen
- Anfertigen von Skizzen/Strukturen/Tabellen

Gedächtnisstützen benutzen

Das mehrkanalige Lernen ist eine notwendige, aber keine hinreichende Bedingung für den Lernerfolg. Insbesondere verbaler und begrifflicher Lernstoff droht rasch vergessen zu werden. Ein Grund ist, dass er primär in der gedächtnismäßig schwächeren linken Gehirnhälfte verarbeitet wird.

Deshalb muss den Schülerinnen und Schülern Lernstoff so dargeboten werden, dass schwer merkbares Wissen mit Funktionsweisen der rechten Gehirnhälfte verknüpft wird (siehe **Abb. 2**). Hierzu zählen vor allem Rhythmen, Reime, Bilder, Farben, Strukturen, Tafelbilder.

Gleichzeitig müssen die Lernenden gezielt zur Benutzung der rechten Gehirnhälfte angeleitet werden, denn nur etwa ein Fünftel macht davon regen und regelmäßigen Gebrauch. Sie lernen das rechtshirnige Lernen, indem sie Texte bebildern, Merkverse schmieden, Abkürzungen kreieren oder Mind Maps entwerfen.

Das rechtshirnige Lernen sollte auch bei der Lese-Rechtschreibförderung stark beachtet werden. Es kommt vor allem jenen rechtschreibschwachen Schülern zugute, die sich aufgrund von Hirnreifungsverzögerungen und Hirnfunktionsstörungen Wortbilder schwer

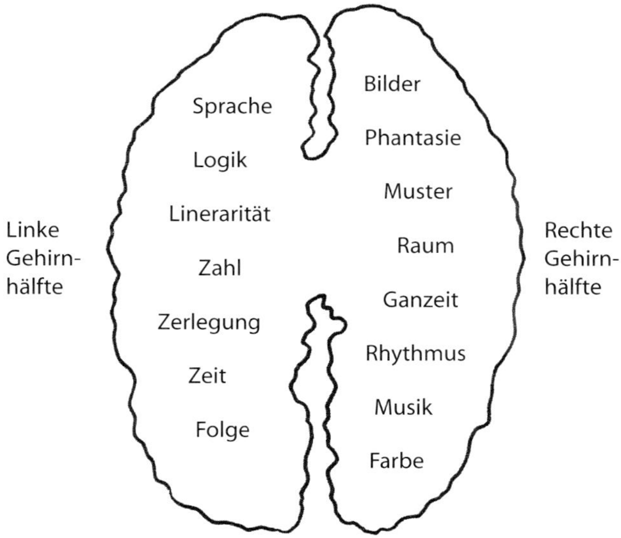

Abbildung 2: Linke und rechte Gerhirnhälfte

einprägen können. Als Hilfen sind besonders geeignet das rhythmisch-melodische Sprechschreiben, Merkverse oder Farbsignale zur Unterscheidung von Schreibweisen.

Lernstoff regelmäßig wiederholen

Jeder Lernstoff droht vergessen zu werden, auch jener, der zunächst mehrkanalig aufgenommen und rechtshirnig verankert worden ist. Dem Vergessen kann letztlich nur durch Wiederholung vorgebeugt werden. Mangelnde Wiederholung hat zur Folge, dass auf der Großhirnrinde keine strukturellen Spuren (Langzeitspuren) entstehen. Beim Kurzzeitlernen kommt es lediglich zu Aktivitätsspuren, die nach kurzer Zeit zerfallen.

Schülerinnen und Schüler wiederholen nicht gern Lernstoff. Sie empfinden die Prozedur als trocken und langweilig. Nur etwa ein Zehntel tut dies freiwillig und regelmäßig, der Großteil nur unter Druck und kurz vor Klassenarbeiten. Manche würden, so viele Schüleräußerungen in Lerngruppen, gerne häufiger üben, wenn sie nur wüssten, wie man effektiv Stoff wiederholt. Übungsmotivierend ist es für sie, wenn sie beispielsweise erfahren, dass viele Kurzübungen wesentlich wirksamer sind als massierte, lange Wiederholungsphasen.

Interessiert sind sie auch am lückenschließenden Wiederholungslernen. Erste Voraussetzung hierfür ist eine Fehleranalyse schlecht geschriebener Klassenarbeiten. Hat man durch eine Auszählung typischer Fehler die Lücken ausfindig gemacht, legt man in einem Wochenplan Termine fest, an denen die Lücken durch Wiederholungslernen (20–30 Minuten) geschlossen werden. Solches Wiederholungslernen empfinden Schülerinnen und Schüler als nicht so stressig wie die Generalwiederholung umfangreicher Stoffgebiete.

Als Mittel des individuellen Wiederholungslernens bietet sich zum einen das Lernkarteisystem nach Leitner (1991) an. Der Lernstoff wird auf Karteikärtchen übertragen (Vorderseite: Frage – Rückseite: Antwort) und in einem aus mehreren Fächern bestehenden Lernkarteikasten regelmäßig wiederholt (siehe **Abb. 3**). Zum anderen sind auch computergestützte Wiederholungsprogramme zu empfehlen, die immer häufiger parallel zum Schulbuch angeboten werden (siehe Kap. 7.12).

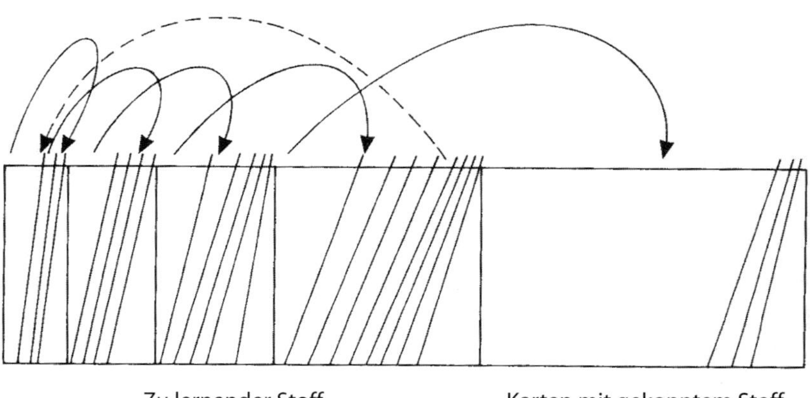

Abbildung 3: Lernkarteisystem nach Leitner (1991)

Wissen sammeln, ordnen, weitergeben

Nicht alles Wissen muss im Gehirn archiviert werden. Oft genügt es, zu wissen, wo Wissen zu finden ist und wie es ausgewertet und weitergegeben werden kann. Hierzu sind folgende informatorische Fertigkeiten sind vonnöten:

- Notizen und Textauszüge anfertigen
- Hefte gestalten und Ordner anlegen
- Karteisysteme aufbauen
- in Lexikas und CD-ROMs recherchieren
- Bibliotheken besuchen und benutzen
- Datenbanken anlegen und benutzen
- sich über das Internet Informationen besorgen
- Protokolle, Referate und Facharbeiten verfassen
- Ergebnisse präsentieren

Solche Fertigkeiten werden nur dann im Methodenrepertoire sicher verankert, wenn sie beim häuslichen und schulischen Lernen ständig angewandt werden. In diesem Sektor der Methodenschulung sollten Referate eine zentrale Rolle spielen. Aufgrund meiner Projekterfahrungen kann mit dieser selbstständigen Wissensproduktion schon in der Klasse 5 in Form von altersgemäßen Kurzreferaten begonnen werden.

Probleme systematisch lösen

Es gibt Schülerinnen und Schüler, die gründlich und gut lernen, aber sich bei der Anwendung des Gelernten schwer tun. Anwendungsprobleme treten auf bei mathematisch-naturwissenschaftlichen Aufgaben, bei Grammatik- und Übersetzungsaufgaben, bei sozialkundlichen und geschichtlichen Aufgaben sowie beim Aufsatzschreiben. Die Ursachen können liegen in:

- allgemeinen oder partiellen Begabungsdefiziten (z. B. schwaches schlussfolgerndes Denkvermögen, mangelnde Sprachflüssigkeit),

- affektiven Denkhemmungen aufgrund von starker Prüfungsangst,
- mangelhaftem Problemlöseverhalten.

Die Ursache «mangelhaftes Problemlöseverhalten» kommt am häufigsten vor. Zentrales Merkmal ist ein impulsives, unbedachtes Vorgehen beim Lösen von Aufgaben. Dieses Verhalten wird mit einem Mangel an lösungsförderlichen Selbstinstruktionen (Heurismen) erklärt. Folgende Heurismen sind für das Problemlösen wichtig:

- Erkennungsstrategien: sorgfältiges, konzentriertes Lesen, Sortieren in lösungsrelevante und nichtrelevante Informationen;
- Findestrategien: Regeln und ähnliche, schon einmal gerechnete Aufgaben in Erinnerung rufen, Aufgabe vereinfachen, Lösungsskizze anfertigen, laut denken;
- Prüfstrategien: bei Schwierigkeiten den Text bzw. die Aufgabenstellung erneut lesen, Zwischen- und Endkontrollen durchführen, das Ergebnis mit der Wirklichkeit vergleichen.

Problemlösestrategien sind nicht nur im mathematisch-naturwissenschaftlichen Bereich anwendbar, sondern auch im sprachlichen (z. B. Aufsatzschreiben). Trainingsstudien haben den Beweis erbracht, dass das Problemlösen lehrbar ist (Aebli u. a. 1986, Kretschmer 1983). Das Einüben von Denkstrategien bewirkt spürbare Leistungsverbesserungen. Die Übungserfolge sind um so besser, je stoffnäher die Übungsaufgaben.

Lernen planen

Genauso wie die berufliche Arbeit will auch die Lernarbeit organisiert sein. Unter Lernorganisation versteht man die zweckmäßige Gestaltung der räumlich-zeitlichen Bedingungen des Lernens. Dadurch sollen unnötige Reibungsverluste und Frustrationen verhindert werden.

Erste Voraussetzung einer guten Lernorganisation ist die Zeitplanung. Das heißt, dass nicht einfach drauflos gelernt wird, sondern vorher überlegt wird, wie und in welchen Schritten der Lernstoff verarbeitet werden kann. Die Notwendigkeit des Planens ergibt sich sowohl bei der Bewältigung größerer Lernaufgaben (Hausaufgaben, Referate) als auch bei der Vorbereitung von Klassenarbeiten.

Planungsprobleme treten vor allem auf bei der:

- Gestaltung des Hausaufgabenablaufs,
- Klassenarbeitsvorbereitung,
- Erledigung von Langzeitaufgaben (z. B. Referat).

Planungsprobleme können bewältigt werden durch

- das Führen eines Aufgabenhefts,
- das schriftliche Festhalten von Terminen (persönlicher Terminkalender),
- die Anfertigung von Lernplänen (Unterteilung in Muss- und Kannziele),
- die rechtzeitige und schrittweise Vorbereitung von Klassenarbeiten,

Zur Förderung der Lernbedingungen gehört auch die rationelle Gestaltung des häuslichen Arbeitsplatzes. Bei der Analyse lernorganisatorischer Schwierigkeiten fällt immer wieder eine chaotische, das Lernen beeinträchtigende Arbeitsplatzsituation auf.

Von einem lernförderlichen häuslichen Arbeitsplatz kann gesprochen werden, wenn

- ein eigener Schreibtisch und ein körpergerechter Schreibtischstuhl vorhanden sind,
- auf der Schreibfläche sich nur Routinemittel und aktuell benötigte Unterlagen befinden,
- die Schreibfläche ausreichend beleuchtet ist und die Schreibtischlampe links postiert ist (beim Rechtshänder),
- kein Lärm den Lernprozess stört,
- regelmäßig gelüftet wird,
- die wichtigsten Arbeitsmittel griffbereit sind und sich in einem ordentlichen Zustand befinden.

Sich wirksam konzentrieren

Unter Konzentration versteht man die gezielte Ausrichtung der Aufmerksamkeit auf bestimmte Ausschnitte der Außen- oder Innenwelt. Die Spanne optimaler Konzentrierbarkeit ist altersabhängig:

Sie beträgt circa 20 bis 30 Minuten.

Die erste Möglichkeit zur Anwendung konzentrationsförderlicher Strategien ergibt sich am Lernbeginn, wenn allerlei Aufschubhandlungen dem Schüler zu schaffen machen. Dem Aufschieben kann man entgegenwirken durch die Anfertigung eines Lernplanes oder durch positive Lernsuggestionen (z. B. «Konzentriert geht's wie geschmiert»).

Manche Konzentrationsproblematik kann schon dadurch gelöst werden, dass die altersbezogene Konzentrationsspanne beachtet wird, denn optimale Aufmerksamkeit ist nur für eine begrenzte Zeit möglich. Aus dieser Erkenntnis muss auch die Konsequenz gezogen werden, beim Lernen immer wieder Pausen einzulegen. Somit erhält man das Anspannungs-Entspannungs-Gleichgewicht aufrecht. Je nach Länge der bisherigen Lernzeit sind verschiedene Pausentypen zu unterscheiden:

- eine Minipause (2–5 Minuten) nach 20 bis 30 Minuten,
- eine Midipause (20–30 Minuten) nach $1\frac{1}{2}$ bis 2 Stunden,
- eine Maxipause (1–2 Stunden) nach 3 Stunden.

Zusätzlich zu den natürlichen Pausen empfiehlt sich der systematische Einsatz von Entspannungsverfahren. Mit ihrer Hilfe lassen sich konzentrationsstörende Überreizungen abbauen. In Frage kommen folgende Verfahren:

- progressive Muskelentspannung nach Jacobson,
- autogene Grundübungen,
- Meditationsübungen,
- musikalische Entspannung,

- Atementspannung,
- gymnastische Übungen.

Bei der Konzentrationssteuerung ist auch zu berücksichtigen, dass die Konzentrationsleistung während der Tageszeit schwankt. Häufig ist es nicht möglich, die häusliche Lernzeit auf die Tagesleistungskurve optimal auszurichten. Oft muss man in biorhythmisch ungünstigen Tagesphasen lernen. Ist dies der Fall, sollte man in einer solchen Phase konsequent Kurzpausen einlegen.

Das Konzentrationsniveau kann ebenso wirksam erhalten werden, wenn von Zeit zu Zeit der Lernweg sowie der Lernstoff gewechselt werden, denn bei einer zu langen Benutzung desselben Lernweges oder bei einer zu langen Beschäftigung mit demselben Lernstoff reduziert das Gehirn automatisch die Aufmerksamkeit.

Nicht minder wirksam ist die Reduzierung ablenkender Reize am schulischen und häuslichen Arbeitsplatz. Je überladener die Schreibfläche ist und je mehr akustische Reize (z. B. Radiohören) vorhanden sind, desto schwieriger wird es, sich auf das Wesentliche zu konzentrieren. Ebenso schädlich sind ständige Unterbrechungen durch andere Personen.

Sich selbst motivieren

Unter Motivation versteht man all das, was die Lernaktivitäten des Schülers in Gang setzt, steuert und aufrechterhält. Motivationsstörungen treten im Schulalter relativ oft auf. Zum einen lässt sich schlechte Schülermotivation durch die Veränderung des familiären und schulischen Motivierungsverhaltens ändern, zum anderen haben aber auch Schülerinnen und Schüler Chancen zur effektiveren Selbstmotivierung:

- Lernstarthilfen: Hilfreiche Autosuggestionen «Tu's gleich!», Warm-up-Übungen (z. B. Entspannungsübung), Arbeitsplatz leerräumen;
- Schriftliche Zielsetzung: Lernplan anfertigen und abhaken, was erledigt ist;

- Mentale Zielbilder entwerfen: sich den positiven Zustand nach dem Lernende vergegenwärtigen: «Ich bin nun fertig und kann relaxen»;
- Schrittweise Zielerreichung: Große Lernaufgaben (z. B. Klassenarbeitsvorbereitung, Referat, Prüfungsvorbereitung) in Etappen aufgliedern;
- Selbstverstärkende Anreize finden: sich nach der Zielerreichung mit einer angenehmen Tätigkeit belohnen;
- Regelmäßiger Stoffwechsel und Lernwegwechsel, um Übersättigung zu vermeiden;
- Aktivierende Lernformen: mehrkanalige Stoffverarbeitung und Stoffkontrolle;
- Selbstkontrolle mit dem Lerntagebuch: protokollieren, was man täglich getan hat.

Der Unterricht als zentraler Trainingsort

Ausgangspunkt der Fördermaßnahme ist die Ist-Analyse des Lern- und Arbeitsverhaltens einer ganzen Schulklasse. Die hierfür geeigneten lerndiagnostischen Verfahren findet man in der Handreichung «Lern-Methodik-Training» (Keller 1999b), die für Lehrerinnen und Lehrer entwickelt worden ist. Diese Lerndiagnose sollte in der Anfangsphase eines Schuljahres durchgeführt werden. Aus ihr lässt sich ersehen, wo die Klasse Lern- und Arbeitsverhaltenslücken aufweist. Aufbauend darauf wird ein Trainingsprogramm für die Klasse entwickelt. Die Förderung selbst ist integrativer Bestandteil des Unterrichts. Das heißt, dass in enger Anlehnung an Lernsituationen und an die Stoffvermittlung Lern- und Arbeitsstrategien vermittelt werden. Die unterrichtliche Umsetzung von Lernförderprogrammen zeitigt zwar nicht dieselben Wirkungen wie die Einzelfallbetreuung, macht sich aber dennoch in Form von Einstellungs- und Verhaltensänderungen sowie Leistungsverbesserungen bemerkbar. Diese Effekte werden um so wahrscheinlicher, je genauer die Zielvereinbarungen mit den Schülerinnen und Schülern getroffen werden und je kontinuierlicher im Verlauf eines Schuljahres die Lernförderung betrieben wird. Wichtig ist außerdem, dass die Förderarbeit von den in einer

Klasse unterrichtenden Lehrpersonen gemeinsam geplant und realisiert wird. Schließlich ist auch sehr zu empfehlen, das Elternhaus in die Förderung einzubeziehen. Hierzu bieten sich Elternabende und Elternbriefe an (siehe Keller u. a. 1997, Keller 1999 b).

Die Wirksamkeit von Lernen lernen

Wer Lernmethodik-Trainings konzipiert, sollte sie auch erfolgskontrollieren. Das heißt, er muss nachweisen, dass trainierte Schüler im Vergleich zu einer augenblicklich nicht trainierten Kontrollstichprobe sich tatsächlich auch verhaltens- und leistungsmäßig verbessern. Ich konnte in mehreren Studien nachweisen, dass die von mir entwickelten Trainingsprogramme das Lern- und Arbeitsverhalten sowie die Schulleistungen positiv verändern. In der umfangreichsten Trainingsstudie wurden 120 versetzungsgefährdete Schülerinnen und Schüler systematisch gefördert (siehe Keller 1992). Im Vergleich zu einer ebenfalls versetzungsgefährdeten Kontrollgruppe verbesserte die Trainingsgruppe signifikant ihr Lernverhalten, beseitigte zu 80 % ihre Versetzungsgefährdung und erhöhte ihre Durchschnittsnote von 3,8 auf 3,2.

Aus den Erfolgskontrollen geht auch hervor, dass Lernmethodik-Training bei jüngeren Schülerinnen und Schülern wirksamer ist als bei älteren. Des Weiteren ist auch klar ersichtlich, dass ein positives Beziehungsklima die Aneignung und Umsetzung vermittelter Methoden wahrscheinlicher macht. Zu diesem Klima tragen besonders bei: Lob, Wertschätzung und Ermutigung.

Was die Wirksamkeit der einzelnen Lernmethoden betrifft, schneiden am besten ab:

- mehrkanaliges Lernen,
- Zeitplanung,
- Lernen nach dem Anspannungs-Entspannungs-Rhythmus,
- systematisches Textlernen,
- regelmäßige Stoffwiederholung,
- Einsatz von Gedächtnisstützen (Skizzen, Mind Maps).

Nach intensiven Recherchen muss ich leider feststellen, dass ein Großteil der marktüblichen und werbeträchtig angepriesenen Lernratgeber, Anti-Paukbücher und Methoden-Trainings bisher nicht einer empirischen Wirksamkeitsanalyse unterzogen worden sind. Ich würde mir wünschen, dass in Zukunft mehr Augenmerk auf die Wirksamkeitsnachweise und Qualitätssicherung von Lerntrainings gerichtet wird.

Lernen lernen in der Grundschule

Folgende Methoden, so das Ergebnis von Lehrer- und Elternbefragungen, sind bei der Förderung des Lern- und Arbeitsverhaltens von Grundschülerinnen und Grundschülern besonders wirksam:

- Frühe Verselbstständigung: alles, was ein Kind selbst tun kann, selbst tun lassen; nicht produktorientiert, sondern methodisch helfen
- Das Selbstvertrauen des Kindes durch Lob, Anerkennung, konstruktive Kritik und Ermutigung systematisch aufbauen
- Die Lerngewöhnung erleichtern durch feste Regeln, Lernzeiten, Lernorte
- Den Lernstoff mehrkanalig aufnehmen: Sehen + Hören + Sprechen + Schreiben + Handeln
- Texte verstehen lernen: wichtige Wörter unterstreichen, zu Texten Zeichnungen herstellen, zu Texten selber Fragen formulieren und beantworten
- Gedächtnisstützen verwenden: Wort-Bild-Verknüpfungen, Farbmarkierungen, Merkverse, rhythmisch-silbierendes Sprechschreiben
- Das Gelernte durch Aufsagen oder Aufschreiben aktivieren
- Wichtigen Lernstoff regelmäßig wiederholen (z. B. mit der Lernkartei)
- Probleme schrittweise lösen: Aufgabentext konzentriert lesen, lösungsförderliche Fragen stellen, Lösungsskizzen anfertigen, Ergebnisse überprüfen

- Das Lernen planen: Hausaufgaben und Klassenarbeitstermine notieren, den Zeitbedarf einschätzen lernen, Klassenarbeiten schrittweise vorbereiten
- Den Arbeitsplatz lernförderlich gestalten: auf richtige Sitzhaltung und Beleuchtung achten, lernfremde Gegenstände entfernen, akustische Störungen beseitigen
- Lern- und Arbeitsmittel richtig handhaben: das Heft sauber führen, Bücher pfleglich behandeln, für funktionierendes Schreibwerkzeug sorgen, den Ranzen rechtzeitig packen und in Ordnung halten
- Informationen beschaffen lernen aus Nachschlagewerken, Karten, Texten, Tabellen
- Das Arbeits-Erholungs-Gleichgewicht erhalten durch Lernpausen und Entspannungsübungen

Literaturhinweise

Keller, G. / Thewalt, B.: So helfe ich meinem Schulkind. Eine praktische Lern- und Übungshilfe für die ersten Schuljahre. Heidelberg und Wiesbaden: Quelle & Meyer 1994 (2. Aufl.)

Hitzler, W. / Keller, G.: So lerne ich richtig. Lerntechniken für Grundschüler. Donauwörth: Auer 1999 (3. Aufl.)

Die wichtigsten Lerntipps für die weiterführende Schule

Lernplanung
Die wichtigsten Termine (z. B. Klassenarbeiten) in einem Terminkalender schriftlich festhalten. Hausaufgaben ins Hausaufgabenheft eintragen. Klassenarbeiten frühzeitig und in Portionen vorbereiten.

Hausaufgaben
Nicht gleich nach dem Mittagessen anfangen, sondern zunächst etwa eine halbe Stunde ausruhen. Möglichst zu festen Zeiten lernen. Zuerst die leichteren Aufgaben in Angriff nehmen. Wenn viel zu lernen ist, einen kleinen Tagesplan anfertigen. Abhaken, was erledigt ist.

Heftführung
Leserlich schreiben und sauber zeichnen. Überschrift und Datum nicht vergessen. Wichtiges durch Unterstreichen und Markieren hervorheben. Den Hefteintrag abschließend kontrollieren, damit nichts Falsches gelernt wird.

Lernpausen
Nach dem Rhythmus von Anspannung und Entspannung lernen. Nicht zu lange an einem Stück lernen, sondern immer wieder Pausen einlegen. In den Pausen den Lernstress abbauen durch Dehn- und Streckübungen, tiefes Ein- und Ausatmen, Musikhören.

Arbeitsplatzgestaltung
Vor dem Lernen aufräumen, ablenkende Sachen weglegen. Bei schwierigem Stoff das Musik- und Radiohören vermeiden.

Mehrkanaliges Lernen
Sich Lernstoff nicht nur übers Durchlesen und Anschauen aneignen, sondern auch andere Lernkanäle benutzen: Sprechen + Hören + Schreiben + Bilder anfertigen + Handeln (z. B. Rollenspiel).

Lernstoffwechsel
Sich nicht zu lange mit demselben Stoff beschäftigen, sondern lieber abbrechen und ein anderes Fach dazwischenschieben. Ähnliche Fächer nicht hintereinander lernen.

Lernkontrolle
Prüfen, ob das Gelernte tatsächlich auch sitzt: das Wichtigste in Stichworten wiedergeben, selbst Fragen stellen und beantworten, Übungsaufgaben lösen, sich abhören lassen.

Gedächtnisstützen
Bei schwer einprägbarem Lernstoff Zeichnungen, Bilder, Merkverse oder Abkürzungen als Stützen verwenden. Beispiel: Acht-null-null: Karl stieg auf den Stuhl (Im Jahre 800 wurde Karl der Große zum Kaiser gekrönt).

Wiederholungslernen
Lücken, die nach Klassenarbeiten sichtbar werden, durch gezieltes Wiederholen und Auffrischen schließen. Schwer merkbaren Lernstoff markieren oder in Lernkarteiform (Vorderseite: Frage – Rückseite: Antwort) bringen und regelmäßig wiederholen.

Vokabellernen
Vokabeln zunächst laut lesen und dann mehrmals schriftlich kontrollieren, bis sie sitzen. Nach 8 bis 10 Vokabeln eine kleine Pause machen, insgesamt nicht mehr als 30 bis 40 pro Tag lernen. Schwer merkbare Vokabeln im Vokabelheft markieren oder auf Lernkarteikarten übertragen und während des Schuljahres immer mal wiederholen.

Mathelernen
Das Matheheft sauber und übersichtlich gestalten. Haupt- und Nebenrechnungen voneinander trennen. Merksätze und Formeln besonders hervorheben. Schwierige Übungsaufgaben zu Hause nochmals schriftlich trainieren. Hausaufgaben möglichst an dem Tag machen, an dem sie aufgegeben wurden.

Textlernen
Lange Lerntexte nicht auf einmal lernen, sondern schrittweise. Schritt 1: Überfliegen. Schritt 2: Gründlich lesen. Schritt 3: Wichtiges herausschreiben, unterstreichen, zeichnen, in eigenen Worten zusammenfassen. Schritt 4: Wiederholen. Schritt 5: Durch Aufsagen oder stichwortartiges Aufschreiben prüfen, ob wesentliche Textinhalte verstanden und behalten worden sind.

Literaturhinweise

Für Schülerinnen und Schüler der Klassen 5 bis 9:

Keller, G.: Lernen will gelernt sein! Ein Lerntraining für Schüler. Heidelberg und Wiesbaden: Quelle & Meyer 1998 (6. Aufl.).

Für Schülerinnen und Schüler der Klassen 10 bis 13:

Keller, G.: Der Lernknigge für Jugendliche und junge Erwachsene. Bad Honnef: K. H. Bock 1994 (2. Aufl.).

Bibliothek Lernen lernen

Für Grundschüler

Hitzler, W./Keller, G.: So lerne ich richtig. Lerntechniken für Grundschüler – Eine Hilfe für den Übertritt. Donauwörth: Auer 1999 (3. Aufl.).

Für Schüler der Klassen 5 bis 10

Arbeitsgemeinschaft Lernmethodik: So macht Lernen Spaß. Praktische Lerntipps für Schüler. Weinheim und Basel: Beltz 1996 (14. Aufl.).

Keller, G.: Lernen will gelernt sein! Ein Lerntraining für Schüler. Heidelberg und Wiesbaden: Quelle & Meyer Verlag 1998 (6. Aufl.).

Für Schüler der Klassen 11 bis 13

Hülshoff, F./Kaldewey, R.: Top Training Erfolgreich lernen und arbeiten. Stuttgart und Dresden: Klett 1994.

Keller, G.: Der Lernknigge für Jugendliche und junge Erwachsene. Bad Honnef: K.H. Bock 1994 (2. Aufl.).

Keller, G./Binder, A./Thiel, R.D.: Sich besser motivieren – erfolgreicher lernen. Lern- und Arbeitsverhaltenstraining LAT. Göttingen: Hogrefe 1997 (2. Aufl.).

Für Eltern

Keller, G./Thewalt, B.: So helfe ich meinem Schulkind. Eine praktische Lern- und Übungshilfe für die ersten Schuljahre. Heidelberg und Wiesbaden: Quelle & Meyer 1994 (2. Aufl.).

Für Lehrer

Keller, G.: Lehrer helfen lernen. Lernförderung, Lernhilfe, Lernberatung. Donauwörth: Auer 1999 (5. Aufl.).

Keller, G/Katzer, E.: Lernen, Denken, Entspannen. Übungen zur Förderung des Lernverhaltens. Mit 84 Kopiervorlagen für die Sekundarstufe I + II. Donauwörth: Auer 2000 (2. Aufl.).

Klippert, H.: Methoden-Training. Übungsbausteine für den Unterricht. Weinheim und Basel: Beltz 1996 (5. Aufl.).

Zum Nachdenken

Sie laufen durch den Wald und treffen auf einen Mann, der fieberhaft daran arbeitet, einen Baum umzusägen.

«Was machen Sie da?» fragen Sie.
«Das sehen Sie doch», antwortet er ungeduldig. «Ich säge diesen Baum ab.»
«Sie sehen erschöpft aus. Wie lange sind Sie denn schon zugange?»
«Über fünf Stunden», sagt er, «und ich bin k.o.! Dies ist harte Arbeit.»
«Warum machen Sie dann nicht ein paar Minuten Pause und schärfen die Säge? Ich bin sicher, dass es dann viel schneller ginge.»
«Ich habe keine Zeit, die Säge zu schärfen», ruft der Mann emphatisch.
«Ich bin zu sehr mit dem Sägen beschäftigt.»

Stephen Covey

7.12 Lernen mit dem Computer

«Der Computer schreit dich nicht an.»

Ein Schüler

Seit der Personalcomputer zum Massenprodukt geworden ist, benutzen ihn immer mehr Kinder und Jugendliche als Lern- und Spielmedium. Es gab Pessimisten, die am Beginn dieser Entwicklung eine Computersucht befürchteten und vorhersagten, dass Schülerinnen und Schüler fortan nur noch von Lehrautomaten unterrichtet würden und die Lehrperson als Wissensvermittler und Erzieher überflüssig werde. Diese Prophezeiungen haben sich bis dato nicht erfüllt. Die Anzahl der Schülerinnen und Schüler, die sich in einer suchtartigen Abhängigkeit von dem neuen Medium befinden, ist relativ gering, hat also kein epidemisches Ausmaß erreicht. Und die Anzahl der Lehrerstellen hat keineswegs abgenommen, woraus man schließen kann, dass der Computer die Arbeit der Lehrer nicht ersetzt, sondern erleichtert und ergänzt hat.

Mit Hilfe von computergestützten Übungsprogrammen (Vokabeltrainer, Rechtschreibtrainer, Grammatiktrainer) kann Wissen wiederholt und gefestigt werden. Mit Simulationsprogrammen (z. B. mit Sim City) können wirtschaftliche oder ökologische Prozesse modellhaft durchgespielt werden. Mit tutoriellen Programmen (z. B. mit dem Kunstlernprogramm «Die Romantik») kann man selbstständig neues Wissen erwerben. Zu erwähnen sind auch spezielle Programme zum Training der Kreativität (z. B. «Schiffe bauen mit Willy Werkel»).

Schließlich kann mit Hilfe des Computers das Internet zum Lernen genutzt werden. Schülerinnen und Schüler können rasch und leicht auf das Wissen der Welt zugreifen. Im Unterricht gestellte Probleme und Aufgaben können durch Netzrecherchen gelöst werden. Darüber hinaus ist auch telekooperatives Arbeiten möglich. Das heißt, dass Schülerinnen und Schüler beispielsweise per E-Mail mit anderen Schulen in Kontakt zu treten, um Informationen auszutauschen. Bereits Realität geworden ist auch der telekommunikative Unterricht via Internet zu Hause. Die bisherigen Schulversuche sind nicht darauf ausgerichtet, die Schule überflüssig zu machen, sondern bestimmte

Lernphasen online durchzuführen. Der Trend in diese Richtung wird sich verstärken. Die Chance ist, dass dadurch selbstständiges Lernen gefördert wird. Der Lerner wird zum autonomen Navigator, der in Hypermedia- und Hypertextsystemen Komponenten ansteuert und sich Wissen selbst aneignet.

Aus wissenschaftlichen Begleitstudien zum computerunterstützten Unterrichtens (siehe Frey 1989, Kulik/Kulik 1991, Leutner 1998) ist erstens zu ersehen, dass Programme zur Wiederholung und Festigung von Lernstoff am häufigsten verwendet werden. Zweitens geht aus ihnen hervor, dass das Lernen mit dem Computer den Schülerinnen und Schülern sehr viel Spaß macht und diese positive Lernmotivation auch über die Anfangsphase hinaus anhält. Drittens wird deutlich, dass lernschwache Schüler am meisten profitieren. Viertens sind Programme zur Mathematikwiederholung, zum Training der Ausdrucksfähigkeit sowie Rechtschreib- und Vokabeltrainings am lernwirksamsten. Und fünftens wird die Befürchtung, der Computer isoliere die Schüler voneinander, widerlegt. Im Gegenteil: Er verstärkt sogar die soziale Interaktion.

Wer sich über geeignete Lern- und Spielsoftware kundig machen möchte, erhält die kompetentesten Hinweise im jährlich aktualisierten Kindersoftware-Ratgeber von Thomas Feibel, der im Markt & Technik-Verlag erscheint (Feibel 2000). Dort sind über 450 getestete Programme verzeichnet und nach Themenbereichen übersichtlich kategorisiert. Wer eine bestimmte Software sucht, wird schnell fündig und gut informiert. Man erfährt nicht nur die Systemvoraussetzungen, sondern auch, ob das Programm kindgerecht und pädagogisch wertvoll ist.

Tipps zum häuslichen Computerlernen

- Computerprogramme sind für die Wiederholung von Lernstoff besonders geeignet. Sie sind geduldig und schimpfen nicht. Vor dem Kauf sollte man prüfen, ob der Programminhalt mit dem gegenwärtigen Schulstoff übereinstimmt. Hinweise darauf kann man zum Beispiel dem Schulbuch entnehmen. Ist darin keine Information über ein passendes Lernprogramm enthalten, kommen als Ratgeber computerkundige Lehrpersonen, Freunde oder Bekannte in Frage.

- Beim Kauf elektronischer Lernprogramme sollte man sich bewusst sein, dass sie keine Zaubermittel sind. Die wesentliche Lernarbeit findet immer noch im eigenen Biocomputer (= Gehirn) statt. Der PC beziehungsweise das Lernprogramm helfen lediglich, das zuvor Begriffene und Gelernte zu festigen und zu vertiefen.

- Rechtschreiben kann auch mit dem Computer trainiert werden. Vor der Anschaffung eines Programms sollten der Fachlehrer, Beratungslehrer oder andere Experten um Rat gefragt werden, denn es gibt leider immer noch mangelhafte Lernsoftware. Eine erste Voraussetzung ist, dass der Trainingsinhalt altersgemäß ist und aus Aufgaben mit unterschiedlichen Schwierigkeitsgraden besteht. Das Programm sollte auch eine Nachbehandlung der am häufigsten falsch geschriebenen Wörter ermöglichen. Förderlich ist es, wenn sich die zum Fehler passende Rechtschreibregel in einem Extra-Fenster zeigen lässt. Außerdem gehört zum guten Rechtschreibprogramm eine ausdruckbare Fehler- und Erfolgsstatistik. Der Trainingserfolg steigt zusätzlich, wenn das Programm mit einer vom Lernenden bestimmbaren Geschwindigkeit Wörter und Sätze diktieren kann.

- Zum Grammatiktraining eignet sich ein zum Stoff passendes elektronisches Lernprogramm. Hat man Lücken aus dem letzten Schuljahr, ist ein zum Schulbuch des letzten Schuljahres passendes Programm gut. Möchte man den Stoff des laufenden Schuljahres mit dem Computer festigen und vertiefen, muss man eines kaufen, das mit dem gegenwärtigen Stoff übereinstimmt. Das Programm selbst sollte abwechslungsreich sein, also eine Mischung enthalten aus Lückentexten, Multiple-Choice-Aufgaben sowie Satzbau- und Matching-Übungen. Gerade beim Grammatiklernen ist es unbedingt erforderlich, wenn mitten in der Übungsarbeit über ein Extra-Fenster Regeln nachgelesen werden können. Ebenso notwendig ist es, einzelne Wörter nachschlagen zu können. Außerdem sollte das Programm mit Hilfe von Lernzielkontrollen eine Stärke-Schwäche-Analyse ermöglichen.

- Obwohl man Vokabeln zunächst einmal durch Lesen, Sprechen und Schreiben lernen sollte, spricht nichts gegen zusätzliches Üben mit dem Computer. So gibt es Vokabelprogramme, die wie eine herkömmliche Lernkartei funktionieren. Man gibt die fremdsprachlichen Wörter und die deutschen Bedeutungen über die Tastatur ein. Anschließend führt der Computer mit dem Lernenden eine Frage-Antwort-Übung durch. Die meisten derzeit angebotenen Vokabelprogramme enthalten den Wortschatz bereits. Das Programm muss zum aktuellen Lehrbuch passen. Besonders zu empfehlen sind Programme, die Vokabeln laut diktieren, diese zusätzlich auch im Satzzusammenhang darbieten sowie eine Fehlerstatistik und ein Extra-Training bisher nicht gewusster Wörter ermöglichen.
- Auch im mathematischen Bereich werden lehrstofforientierte Computerprogramme angeboten, mit denen man Grundfertigkeiten wie das Bruchrechnen, Zinsrechnen, das Lösen von Gleichungen oder das Berechnen von Flächen wirksam trainieren kann. Sie stellen Übungsaufgaben in verschiedenen Schwierigkeitsgraden. Und sie geben Gelegenheit, durch Tests den Lernfortschritt zu überprüfen.
- Wissen fast aller Fächer lässt sich ebenfalls mit dem Computer aneignen. Sehr anregend sind CD-ROMs, die den Stoff in Form von Videos, Farbbildern, Animationen, Audiobeispielen und Texten vermitteln. So macht es Spaß, eine Entdeckungsreise durch den menschlichen Körper zu machen, einen Ausflug in die Unterwasserwelt zu unternehmen oder das Geheimnis der Pyramiden zu erforschen. Schließlich sind auch multimediale Lexika zu empfehlen, durch die man mit Wissenslust klicken kann.
- Schließlich bietet sich allen Wissensdurstigen und Informationssuchern das Internet als Medium an. Wer beispielsweise Informationsmaterial für ein Referat oder eine Facharbeit braucht, kann entsprechende Dateien auf seinen häuslichen PC herunterladen.

Zum Nachdenken

Mathe macht glücklich. «Vom Computer wird man sofort gelobt, wenn man richtig rechnet», sagt Michael. «Der Lehrer lobt höchstens einmal im Jahr.» Die Schüler sind, ohne dass der Lehrer eingreifen müsste, konzentriert bei der Sache, wenn der Computer befiehlt: «Fasse die beiden Zähler zusammen», «Subtrahiere die Ganzen», «Suche einen gemeinsamen Nenner». Niemand mault oder jammert, träumt zum Fenster hinaus oder bekritzelt die Schulbank. Nur Jenny kritisiert, dass sie nun plötzlich subtrahieren soll, obwohl das noch nie zuvor geübt wurde. Aber sie zieht mit. Denn sitzt die Maus erst im Haus, gibt's Sonderpunkte. Und darauf sind sie alle scharf.

Aus dem Gymnasium Arnoldinum in Steinfurt (ZeitPunkte 1/2000, S. 18)

7.13 Lernspiele

«Die größte Kunst ist, den Kleinen alles, was sie tun oder lernen sollen, zum Spiel und Zeitvertreib zu machen.»

John Locke

Lernspiele unterscheiden sich von anderen Lehr-Lernmethoden durch die unterhaltende und erheiternde Tätigkeitsform. Es kommt dem natürlichen Spielbedürfnis des Menschen entgegen. Lernspiele fördern die Lernmotivation beziehungsweise steigern die Lernlust. Die Schülerinnen und Schüler erleben, dass Schule auch Spaß machen kann.

Nach meinen Erfahrungen können Lernspiele, wenn sie nicht zu schwierig sind, auch dazu beitragen, negative Lerneinstellungen abzubauen. Vor allem Schülerinnen und Schüler, die aufgrund von Misserfolgserlebnissen demotiviert sind, fühlen sich wieder ermutigt.

Lernspiele eignen sich immer auch zum Ausgleich ernsterer Lernphasen. Sie tragen zur Wiederherstellung des Anspannungs-Entspannungs-Gleichgewichts bei.

Es gibt sowohl fächerunabhängige Lernspiele, die dem Training von Grundfähigkeiten wie des Denkens, der Konzentration, des Gedächtnisses und der Wahrnehmung dienen, als auch fachbezogene Lernspiele, durch die Fachinhalte spielerisch angeeignet und geübt werden können.

Ein Beispiel für fächerunabhängige Lernspiele sind die Kimspiele. Hierzu kurz ein paar Übungsvarianten:

Tuch-Kim
Auf einem Tisch befinden sich unter einem Tuch zehn Gegenstände. Das Tuch wird wird circa zehn Sekunden aufgedeckt und dann wieder auf die Gegenstände gelegt. Jetzt schreiben die Schülerinnen und Schüler auf, was sie gesehen haben.

Folien-Kim
Auf eine Folie werden zehn Wörter geschrieben. Diese Folie wird den Schülerinnen und Schülern mit dem Tageslichtprojektor zehn Sekunden gezeigt. Nach dem der Projektor abgeschaltet ist, wird das Gezeigte schriftlich wiedergegeben.

Flieger-Kim
Zehn Gegenstände werden den Schülerinnen und Schülern unmittelbar hintereinander gezeigt. Anschließend schreiben sie die im Gedächtnis gebliebene Gegenstände auf.

Ohren-Kim
Den Schülerinnen und Schülern werden bei geschlossenen Augen zehn unterschiedliche Geräusche vorgemacht (in die Hände klatschen, mit den Fingern auf den Tisch trommeln, pfeifen, mit der Zunge schnalzen, mit der Tischglocke läuten, Papier zusammenknüllen, mit den Füßen stampfen, ein Streichholz anzünden, hauchen, husten). Danach wird aus dem Gedächtnis aufgeschrieben, um welche Geräusche es sich gehandelt hat.

Tast-Kim
Es wird ein Sack mit zehn verschiedenen Gegenständen herumgereicht. Jede Schülerin, jeder Schüler darf ihn von außen betasten. Hinterher wird aufgeschrieben, was man gefühlt hat.

Als Beispiele für fachbezogene Übungen seien genannt:

Fach Englisch
Our neighbour's cat.
Our neighbour's cat is an angry cat.
Our neighbour's cat is a clever cat.
Our neighbour's cat is a...

Fach Geografie
Ein Schüler denkt sich ein Land aus. Die übrige Klasse stellen Fragen mit dem Ziel, das erdachte Land zu erraten.

Fach Mathematik
Die Klasse wird in «Rechengruppen» aufgeteilt. Jede Gruppe bekommt einen Satz Schilder, auf denen die Primzahlen stehen. Die Lehrperson nennt ein Produkt (z.B. 30). Die Gruppe muss nun die Schilder mit den entsprechenden Faktoren hochhalten (2 x 3 x 5).

Zum weiteren Bereich der Lernspiele gehören auch Rollenspiele und Planspiele, mit denen sich soziale Situationen durchspielen und soziale Fertigkeiten aneignen lassen (siehe Kap. 7.10).

Wer das Lernspiel als Motivierungsmittel gezielt einsetzen möchte, hat zwei Möglichkeiten. Entweder man verpackt den Lernstoff selbst in eine spielerische Form, indem man beispielsweise zu einem Geschichtsstoff ein Quiz entwickelt. Oder man bedient sich bereits hergestellter Lernspiele, zu denen es auf dem Buchmarkt inzwischen ein reichhaltiges Angebot gibt. Empfehlenswerte Spielesammlungen enthält die folgende Aufstellung:

Arbeitsstelle Neues Spielen (Hrsg.): Schulspielkartei. Münster: Ökotopia 1992

Bartl, A./Bartl, M.: Spiele im Mathematikunterricht der Grundschule. Donauwörth: Auer 1996.

Bartl, A.: Die schönsten Lernspiele für Kinder. München: Südwest 1997.

Pallasch, W./Zopf, D.: Methodix. 250 Übungen für den Schulalltag. Weinheim und Basel: Beltz 1999.

Pallasch, W./Zopf, D.: Praktix. Bausteine für Unterricht, Vertretungsstunde, außerschulische Bildungsarbeit. Weinheim und Basel: Beltz 1996.

Pallasch, W.:/Zopf, D.: Praktix. Bausteine für den Unterricht II. Weinheim und Basel: Beltz 1996 (4. Aufl.).

Regelein, S.: Lernspiele in der Grundschule. München: Oldenbourg 1998.

Vester, F./Beyer, G./Hirschfeld, M.: Aufmerksamkeitstraining in der Schule. Heidelberg und Wiesbaden: Quelle & Meyer 1995 (3. Aufl.).

Wer Lernspiele im Unterricht und in der häuslichen Lernförderung einsetzt, sollte wissen, dass auch diese Lernform der Sättigungsgefahr unterliegt. Ein Zuviel kann Überdruss und Langeweile erzeugen. In diesem Falle ist es nicht verwunderlich, wenn eine Klasse eine Lehrerin fragt: «Müssen wir heute schon wieder spielen?»

Zum Nachdenken

Sven hatte große Probleme mit dem Zehnerübergang. Immer wieder beantwortete er Aufgaben wie 8 + 7 = ? falsch – sowohl beim schriftlichen Rechnen als auch beim Kopfrechnen. Er hatte inzwischen so viel Misserfolge erlitten, dass die Rechenstunden zur Qual für ihn wurden. Die Lehrerin hatte Mitleid mit Sven und setzte ein Fördermittel ein, das «Rechenspaß im Zirkus» heißt und speziell für das spielerische Üben des Zehnerübergangs entwickelt worden ist. Innerhalb weniger Wochen wurde Sven sein Problem los und beherrschte den Zehnerübergang sicher. Nach einem Monat sagte er zu seiner Mutter: «Toll, heute haben wir wieder Rechnen.»

7.14 Positives Denken

«Nicht die Dinge selbst, sondern unser Denken über die Dinge entscheidet, ob wir glücklich oder unglücklich werden.»

Epiktet

An schulischen Misserfolgen sind nicht selten mangelndes Selbstvertrauen und typische Misserfolgsgedanken als Ursachen beteiligt. Eine Serie schlechter Klassenarbeiten genügt, und der Pechvogel schlussfolgert vorschnell: «Es lohnt sich nicht mehr, für dieses Fach zu lernen. Mir fehlt es an Begabung.» Dieses Negativdenken demotiviert und blockiert. Es kann sich so tief in seinem Selbstbild festsetzen, dass er eine zwischenzeitige Besserung auf den Zufall oder auf die Leichtigkeit der Aufgaben zurückführt.

Schülerinnen und Schüler können zur Auflösung dieser Motivationsblockade beitragen, wenn sie den Negativgedanken gezielt nachspüren und diese aufschreiben. Der nächste Schritt besteht darin, sie zu entschärfen. Zum Beispiel kann man den Satz «Ich bin mathematisch nicht begabt» ersetzen durch «Ich habe Schwierigkeiten in Mathematik, die ich durch Lückenschließen abbauen kann.» Solchen Umformulierungen müssen konkrete Handlungen folgen. In diesem Falle wäre ein Gespräch mit dem Mathematiklehrer sinnvoll. Dieser könnte auf der Basis der bisherigen Klassenarbeiten analysieren, wo die Fehlerschwerpunkte liegen. Der nächste wichtige Schritt ist ein Lernplan zur Schließung dieser Lücken. Zum Beispiel könnte man an zwei Wochentagen circa eine Dreiviertelstunde reservieren für das Wiederholungslernen.

Wer lückenschließendes Lernen praktiziert, wird bessere Leistungen erzielen – meist in kleineren Schritten. Wichtig in diesem Genesungsprozess ist zum einen, dass die Lernumwelt die Fortschritte würdigt und Ermutigungen vermittelt (siehe Kap. 7.6).

- «Siehst du, das Üben zahlt sich aus.»
- «Du kannst es doch.»

Zum anderen muss der Genesende sein Selbstgespräch verändern. Er muss zu sich selber sagen, dass die Fortschritte Folge seiner Anstrengung sind und darüber hinaus ein Beweis seiner Fähigkeiten. Derjenige, der positiver über sich denkt, wird über kurz oder lang sich selbst vertrauen und motivierter werden. Genauso wie man sich krank denken kann, kann man sich gesund denken. Bei diesem Umdenken braucht der Genesende die Unterstützung seiner Eltern und seiner Lehrerinnen und Lehrer!

Zum Nachdenken

Ein Hase legte sich einst unter einen Mangobaum, um zu schlafen. Plötzlich hörte er einen Knall. Er dachte, dass dies das Ende der Welt bedeutete und begann zu rennen.

Als die anderen Hasen ihn so eilen sahen, fragten sie: «Warum läufst du so schnell?» Und er antwortete: «Weil die Welt untergeht.»

Als sie das hörten folgten ihm alle auf seiner Flucht.

Die Hirsche sahen die Hasen rennen und fragten: «Warum lauft ihr denn so schnell?» Und die Hasen antworteten: «Weil die Welt untergeht», worauf die Hirsche sich ihnen anschlossen.

So trieb es eine Tierart nach der anderen zu den eilenden Tieren, bis das ganze Tierreich in eine panische Flucht verwickelt war, die schließlich zur Vernichtung aller Tiere geführt hätte.

Als Buddha – er lebte in dieser Zeit als ein Weiser, eine der vielen Gestalten, die er annahm – die Tiere in ihrer Panik dahineilen sah, fragte er die letzte Gruppe, die sich der Flucht angeschlossen hatte, warum sie so schnell liefen. Sie antworteten: «Weil die Welt untergeht.»

«Das kann nicht wahr sein», sagte Buddha, «denn die Welt geht noch nicht zu Ende; lasst uns herausfinden, warum die so denken.»

Er befragte dann eine Tierart nach der anderen, die Spur auf diese Weise zurückverfolgend bis zu den Hirschen und schließlich zu den Hasen.

Als die Hasen ihm erzählten, dass sie so eilten, weil die Welt zu Ende ginge, fragte er, welcher Hase ihnen das erzählt habe. Sie zeigten auf diejenigen, der mit der Geschichte angefangen hatte, und

Buddha wandte sich zu ihm und sprach: «Wo warst du und was hast du gemacht, als du dachtest, dass die Welt untergeht?»

Der Hase antwortete: «Ich lag unter einem Mangobaum und schlief.»

Buddha sagte zu ihm: «Du hörtest wahrscheinlich eine Mangofrucht fallen; von dem Knall wurdest du aufgeschreckt. Du dachtest, die Welt geht unter und bekamst Angst. Lass uns zurück zu dem Baum gehen, wo du lagst, um zu sehen, ob es so war.»

Zusammen gingen sie zu dem Baum und sahen, dass in der Tat eine Mango-Frucht gefallen war, wo der Hase gelegen hatte.

So rettete Buddha das Reich der Tiere vor der Vernichtung.

Eine buddhistische Lehrgeschichte

7.15 Regelmäßiges Nachdenken

«Denkwege bergen in sich das Geheimnisvolle,
dass wir sie vorwärts und rückwärts gehen können,
dass sogar der Weg zurück uns erst vorwärts führt.»

Martin Heidegger

Das Lern- und Arbeitsverhalten lässt sich verbessern, wenn Schülerinnen und Schüler ihre Lernprozesse genau beobachten und reflektieren und ihrer Stärken und Schwächen bewusst werden. Nachdenken bedeutet nicht nur, dass sie über sich reflektieren, sondern auch, dass sie mit anderen über ihre Lernprozesse sprechen. Das Nachdenken «führt zu einem zunehmend differenzierten Strategierepertoire und erleichtert den Umgang mit Lernschwierigkeiten» (Beck u.a. 1994, S. 209). Zum regelmäßigen Nachdenken können Schülerinnen und Schüler in unterschiedlichen Formen angeregt werden. Entweder in Tandems, in größeren Gruppen oder im Plenum werden die Lernerfahrungen ausgetauscht. Ziel regelmäßiger Lernreflexion ist es, aus eigenen Lernerfahrungen zu lernen und das Lernverhalten zu verbessern. Folgende Möglichkeiten der Lernreflexion bieten sich an:

- Lernbefragung: Nach einer Unterrichtssequenz oder nach dem Abschluss einer Stoffeinheit analysieren die Schülerinnen und Schüler ihren Verstehens- und Lernprozess. Sie teilen mit, was gut gelang, was schwierig war und was noch nicht verstanden wurde.

- Fehleranalyse: Die Schülerinnen und Schüler finden heraus, warum sie einen bestimmten Fehler gemacht haben.

- Modell-Lernen: Lehrerinnen und Lehrer sowie Schülerinnen und Schüler machen laut denkend vor, wie sie Lern- und Denkaufgaben bewältigen.

- Lerntagebuch: Die Schülerinnen und Schüler dokumentieren ihre Lernerfahrungen, Lernprobleme und Fragen in einem Lerntagebuch (siehe unten). Aufgeschrieben wird auch das, was man nicht verstanden hat.

- Lernpartnerschaft (Peer Coaching): Jeder Lernende hat einen Lernpartner, mit dem er Lernerfahrungen und Lernprobleme bespricht und offen gebliebene Fragen gemeinsam bearbeitet.
- Klassengespräch: In größeren Zeitabständen werden die im Lerntagebuch dokumentierten Lernerfahrungen und Lernprobleme ausgetauscht und besprochen.

Besonders förderlich für die Lernreflexion ist das Lerntagebuch. Es ist persönlicher Besitz des Lernenden und darf ohne seine Genehmigung nicht eingesehen werden. Es gibt zwei zentrale Möglichkeiten, ein Lerntagebuch zu führen. Zum einen kann man es frei gestalten, indem man den Lerntag ganz persönlich dokumentiert. Zum anderen kann man seine Lernerfahrungen und Lernprobleme nach vorgegebenen Fragen bzw. Kategorien zu Papier bringen:

- Was gelang gut?
- Was hat Spaß gemacht?
- Welcher Lernstoff war schwierig?
- Was habe ich nicht verstanden?
- Welche Lernmethode war hilfreich?
- Was sollte ich künftig anders machen?

Der Tagebucheintrag kann sich auf eine einzelne Unterrichtsstunde, einen Unterrichtstag oder auf eine Unterrichtswoche beziehen. Am häufigsten angewandt wird der Tagesrückblick.

Lerntagebücher können für die Förderung der Lernentwicklung unterschiedlich genutzt werden:

- zum persönlichen Nachdenken über das Lernen,
- zum Klassengespräch über das Lernen,
- zum Partnergespräch über das Lernen,
- zu Lernberatungsgesprächen mit dem Fachlehrer.

Zum Nachdenken

Daiju besuchte den Meister Baso in China. Baso fragte: «Was suchst du?»
«Erleuchtung», erwiderte Daiju.
«Du hast deine eigene Schatzkammer. Warum suchst du außerhalb?» fragte Baso.
Daiju erkundigte sich: «Wo ist meine Schatzkammer?»
Baso antwortete: «Das, was du fragst, ist deine Schatzkammer.»
Daiju war erleuchtet! Dennoch empfahl er stets seinen Freunden: «Öffnet eure eigene Schatzkammer und benützt diese Schätze.»

Aus Reps, P.: Ohne Worte – ohne Schweigen. Bern, München, Wien: Scherz 1976.

7.16 Sinnorientierung

«Im Erfüllen von Sinn verwirklicht sich der Mensch selbst.»

Viktor Frankl

Nach den Untersuchungen und Erfahrungen des Psychiaters Viktor Frankl (1998) sind Gefühle der Sinnlosigkeit, Nutzlosigkeit und Interesselosigkeit zum zentralen Problem der Heranwachsenden geworden. Sinnfrustrationen liegen vielen Jugendproblemen wie Schulabbruch, Alkoholsucht, Drogensucht, Horrorvideokonsum oder Vandalismus zugrunde. Frankl ist der Meinung, dass die Sinnproblematik nicht nur in jugendlichen Problemgruppen virulent ist, sondern inzwischen die Ausmaße einer psychischen Epidemie erreicht hat. Er sieht die Hauptursache der Sinnkrise in einem zu raschen gesellschaftlichen Wandel, mit dem die psychische Evolution nicht Schritt halten kann.

Für Frankl gehört deshalb zu den Grundzielen der Motivationsförderung die Bearbeitung der Sinnproblematik und die Förderung der Sinnfindung. Er hatte bereits zu Beginn der dreißiger Jahre in einem jugendtherapeutischen Projekt die Erfahrung gemacht, dass eine intensive Unterstützung des Sinnfindungsprozesses zu einer raschen Besserung depressiver Zustände führte. Schwerpunkt der sinntherapeutischen Arbeit war damals und ist auch heute noch, Jugendliche an Aufgaben und Aktivitäten heranzuführen, mit denen sie sich identifizieren können. Dadurch werde zwei Hauptwirkungen der Sinntherapie erzielt: Dereflexion und Selbsttranszendenz. Dereflexion heißt, dass sich der Jugendliche von seiner krankmachenden Selbstbeobachtung und seinem Selbstmitleid löst. Selbsttranszendenz bedeutet, dass er sich in einer Aufgabe im positiven Sinne verliert, also quasi in ihr aufgeht.

Das Finden von neuen Aufgaben, Inhalten und Interessen ist allerdings kein einfacher Prozess. Es müssen nämlich verschüttete Sinngehalte freigelegt, Fehlwahrnehmungen entzerrt, Denkfehler korrigiert und verdeckte Neigungen bewusst gemacht werden. Hierzu sind intensive Gespräche vonnöten. Denn viele motivationsgestörte Schülerinnen und Schüler sind aufgrund von Entmutigungen und Misserfolgserlebnissen zur Selbsterkundung und Selbsthilfe kaum motiviert und fähig.

Wer mit sinnfrustrierten Jugendlichen sinnorientierende Gespräche führen möchte, muss sie so akzeptieren, wie sie momentan sind, muss sich in sie einfühlen und muss sie ermutigen. Ein solcher Gesprächsstil signalisiert ihnen, dass man sie versteht und ernst nimmt. Um den blockierten Willen zum Sinn zu aktivieren, bedürfen sie weiterer Hilfe. Sie möchten vor allem Antworten auf folgende Fragen:

- Bin ich denn überhaupt fähig, schulisch und beruflich noch etwas zuwege zu bringen?
- Gibt es noch etwas, wofür ich mich interessieren kann?
- Habe ich auch als Schulversager Aussicht auf einen Platz im Leben?
- Welche Freizeitmöglichkeiten können mir den langweiligen Alltag angenehmer machen?
- Wie kann ich in einen Freundeskreis gelangen?
- Wie kann ich eine Partnerin oder einen Partner finden?
- Wie kann ich persönlich weiterwachsen?

Einige dieser Fragen können Lehrerinnen und Lehrer sicherlich im Einzel- oder Gruppengespräch beantworten helfen. So kann man Freizeitangebote ausfindig machen, Begegnungen zustande bringen, Fertigkeiten zur Kontaktaufnahme vermitteln oder erste Hilfen zur Berufsorientierung geben. Wenn es um die Erkundung der beruflichen Eignung oder Neigung geht oder um die Suche nach Auswegen im Falle eines Schulversagens, muss in die Problemlösung der Beratungslehrer, der Schulpsychologe oder der Berufsberater einbezogen werden. Für eine Besprechung der Sinnfrage eignet sich auch der Religionsunterricht. Egal, in welchem Arrangement auf die Sinnfindung hingearbeitet wird, es sollte dabei folgendes beachtet werden:

- Die Sinnfrage direkt ansprechen: Welchen Sinn siehst du in deinem Leben? Welchen Sinn hat für dich die Schule? Was erwartest du von der Zukunft?

- Dem Jugendlichen verständlich machen, dass die Sinnproblematik eine Phase ist, die von jedem Menschen durchlaufen und durchgestanden werden muss.
- Lebenssituationen und Lebensphasen erinnern lassen, wo eine Sinnerfüllung vorhanden war.
- Gegebenenfalls Gründe des Sinnverlusts herausarbeiten und Einstellungen ändern, die einer Sinnfindung im Wege stehen (z. B. «Eine Lehrstelle werde ich nie finden»).
- Den Jugendlichen zur selbstständigen und aktiven Problembewältigung ermutigen und anleiten: sich selbst informieren, selbst Bewerbungen schreiben, selbst Ämter aufsuchen.
- Jedes entstehende Interesse, jeden selbständigen Schritt, jedes noch so kleine Erfolgserlebnis mit Ermutigung und Anerkennung kommentieren.

Die Lebensreise

Das Wort «Sinn» stammt aus dem Althochdeutschen und bedeutete ursprünglich soviel wie «Reisen». Viele Jugendliche befinden sich auf einer Lebensreise, die deshalb so schwierig ist, weil sie nicht wissen, wohin die Reise gehen soll. Unterstützt werden kann die Sinnfindung durch eine Übung, deren Aufgabe darin besteht, das bisherige und künftige Leben in Form eines Bildes darzustellen. Am besten eignet sich hierzu die Versinnbildlichung des Lebens als Fluss. Die Lebensreise beginnt an der Quelle, also am Ort der Geburt. Links und rechts am Flussufer werden nun wichtige Lebensstationen reingemalt (erste Kindheitsjahre, Familie, erste Freunde, Schulanfang, Schulwechsel usw.). Wenn der Jugendliche im Hier und Jetzt angelangt ist, hält er inne und denkt darüber nach, welche Reiseziele in Frage kommen könnten (Ausbildung, Studium, Partnerschaft, Ehe, Familie, Beruf usw.). Diese Vorstellungen und Phantasien setzt er wieder in Bilder um. Wichtig ist, dass die Erwachsenen alles, was an positiven Sinngehalten zum Ausdruck kommt, positiv kommentieren und verstärken.

Diese Übung eignet sich sowohl für die familiäre als auch für die schulische Bearbeitung der Sinnfrage.

Zum Nachdenken

Drei Maurer arbeiten an einer Kathedrale. Ein Vorübergehender fragt den ersten, was er da tue.

Die mürrische Antwort: «Na – sehen Sie doch. Ich maure.»

Ein paar Schritte weiter arbeitet der zweite Maurer. Auch er wird gefragt – und antwortet: «Ich ziehe eine Mauer hoch.»

Schließlich die gleiche Frage an den dritten Maurer. Der sagt voller Stolz: «Ich helfe eine Kathedrale bauen.»

Connie Zweig und Jeremiah Abrams

7.17 Professionelle Hilfen

«Die beste Selbsthilfe besteht manchmal darin, sich um professionellen Beistand zu bemühen.»

Michael Sheely und Francine Cournos

Bisher wurden Methoden der Motivationsförderung dargestellt, die in Elternhaus und Schule ohne therapeutische Qualifikation angewandt werden können. Ohne Zweifel, so das Ergebnis vieler Förderstudien, wirken sie vorbeugend und können auch Motivationsstörungen im Anfangsstadium bewältigen helfen. Halten Motivationsstörungen aber trotz dieser «ersten Hilfen» an und beeinträchtigen sie in immer stärkeren Maße den Heranwachsenden und seine Familie, liegt wahrscheinlich eine ernsthaftere Grundstörung vor. Es kann sich um eine chronische Überforderung, eine sozial-emotionale Krise oder um eine organische Erkrankung handeln. Besteht dieser Verdacht, darf nicht zu lange gewartet werden, beispielsweise mit der Hoffnung, dass die Zeit das Problem kuriert.

Als erste Institution, die man konsultieren könnte, bietet sich der Schulpsychologische Dienst an, dessen Anschrift man in der Schule oder im Internet unter der Adresse *http://www.schulpsychologie.de* erhält. Er kann eine erste, gründliche Ursachenanalyse vornehmen und im Rahmen seiner Möglichkeiten wichtige Problemlösungen bewirken (z. B. Schulformwechsel, Lernberatung, Beseitigung von Beziehungsstörungen). Wird der Schulpsychologe nicht fündig oder erweist sich seine Therapiearbeit als zu schwierig, delegiert er weitere Diagnose- und Therapiemaßnahmen an medizinische und psychotherapeutische Spezialisten.

Erfahrungsgemäß lässt sich durch die Behandlung von Grundstörungen die Lernmotivation positiv verändern. Das Elternhaus und die Schule seien jedoch vor der Erwartung gewarnt, dass sich Beratung und Therapie sehr rasch in deutlich besseren Noten und in einem symptomfreien Lern- und Arbeitsverhalten niederschlagen. Die Veränderungsarbeit, in die nicht selten auch das Familiensystem und die Schule einbezogen werden müssen, bedarf der Geduld und der Einsicht, dass man nicht aus jedem Kind eine Musterschülerin oder einen Musterschüler machen kann.

Zum Nachdenken

Nasrudin fühlte sich nicht besonders wohl und rief nach einem Arzt.
«Du brauchst ein Abführmittel», sagte der Doktor.
«Ich hätte gerne eine zweite Meinung», sagte Nasrudin.
«Eine Operation!» entschied der zweite Arzt.
«Ruft noch einen Doktor!» sagte der Mulla.
«In solchen Fällen ist das einzige Mittel Massage», meinte der dritte Arzt.
«Jetzt haben wir das Rezept», sagte der Mulla.
«Ein Drittel einer Operation, ein Dittel eines Abführmittels und dazu ein Drittel einer Massage. Das sollte das Richtige sein, die Sache ausgezeichnet zu kurieren.»

Aus Shah, I.: Die fabelhaften Heldentaten des vollendeten Narren und Meisters Mulla Nasrudin. Freiburg: Herder 1984.

8. Schlussbetrachtung

«Verwöhnung erweist sich als Hauptursache für das Verhalten der zivilisierten Menschheit.»

Felix von Cube

Es wäre falsch, Entwicklungsschwierigkeiten von Kindern und Jugendlichen vorschnell zu dramatisieren. Der Entwicklungsweg vom hilflosen Kleinkind zum selbstständigen Erwachsenen ist nie leicht gewesen. Andererseits gab es noch keine junge Generation, die in so starkem Maße entwicklungsstörenden gesellschaftlichen Einflüssen und familiären Erziehungsfehlern ausgesetzt war wie die heutige. Der negativste Einfluss geht zweifelsohne von der Wohlstandsverwöhnung aus. Zwei Drittel bis drei Viertel der Familien sind trotz konjunktureller Krisen permanent so kaufkräftig, dass sie die Heranwachsenden über die Maßen verwöhnen können.

Je weniger der Verwöhnung Grenzen gesetzt werden, desto mehr nimmt die Entwicklung der Lern- und Leistungsmotivation Schaden. Verbreitet sich der Erziehungsfehler der Verwöhnung massenhaft, werden immer mehr Kinder und Jugendliche ohne echte Arbeitsmotivation die Arbeitswelt betreten. Dies führt über kurz oder lang dazu, dass der Motor der Leistungsgesellschaft zu stottern beginnt und schließlich kaputtgeht. Ein solcher Motivationszerfall hat sich im Verlauf der Geschichte in prosperierenden Hochkulturen immer mal wieder ereignet. Ein Beispiel hierfür ist der Niedergang des römischen Reiches. Es zerfiel nicht so sehr aufgrund äußerer Einwirkungen, sondern aufgrund einer immensen Schlaraffisierung, die in den staatstragenden Schichten begann und sich bis in die Basis des Volkes epidemisch ausbreitete.

Diese Schlussbemerkung will nicht den Kulturpessimismus nähren, sondern den Erziehungsprinzipien der Grenzziehung und Leistungsmotivierung einen Sinn geben. Eine Hochkultur kann nur dort überleben, wo Kinder zum maßvollen Umgang mit ihren Bedürfnissen und den menschlichen Erzeugnissen erzogen werden.

Mein kritisches Bild von der Lernmotivation der Schülerinnen und Schüler soll nicht den Eindruck erwecken, als seien alle faul und genussorientiert. Dies wäre der falsche Schluss. Aus der 13. Shell-Jugendstudie (Deutsche Shell 2000) geht hervor, dass 52 % der befragten Jugendlichen und jungen Erwachsenen in ihrem Leben etwas leisten möchten, auch wenn das oft schwer und mühsam ist. 48 % möchten ihr Leben genießen und sich nicht mehr abmühen als nötig.

Das Erwachsenwerden und das Hineinwachsen in berufliche Aufgaben scheint eine leistungsorientierte Lebenshaltung zu fördern. Denn der Shell-Jugendstudie ist auch zu entnehmen, dass die jungen Erwachsenen motivierter sind als die jüngeren Befragten.

Zum Nachdenken

Ich habe gehört, ihr wollt nichts lernen.
Daraus entnehme ich: Ihr seid Millionäre.
Eure Zukunft ist gesichert – sie liegt
vor euch im Licht. Eure Eltern
haben dafür gesorgt, dass eure Füße
an keinen Stein stoßen. Da musst du
nichts lernen. So wie du bist
kannst du bleiben.
Sollte es dann noch Schwierigkeiten geben, da doch die Zeiten
wie ich gehört habe, unsicher sind,
hast du deine Führer, die dir genau sagen,
was du zu machen hast, damit es euch gut geht.
Sie haben nachgelesen bei denen,
welche die Wahrheiten wissen,
die für alle Zeiten Gültigkeit haben
und die Rezepte, die immer helfen.
Wo so viele für dich sind,
brauchst du keinen Finger zu rühren.
Freilich, wenn es anders wäre,
müsstest du lernen.

Bertolt Brecht

9. Literaturverzeichnis

Aebli, H./Ruthemann, U./Staub, F.: Sind Regeln des Problemlösens lehrbar? Zeitschrift für Pädagogik 1986, 32, 617–637.

Allerbeck, K./Hoag, W: Jugend ohne Zukunft? Einstellungen, Umwelt, Lebensperspektiven. München: Piper 1985.

Beck, E./Guldimann, T./Zutaven, M.: Eigenständiges Lernen verstehen und fördern. In: Reusser, K./Reusser-Weyeneth, M. (Hrsg.): Verstehen. Psychologischer Prozess und didaktische Aufgabe. Bern: Huber 1994.

Bessoth, R.: Alarmierende Nachrichten zur Schülermotivation. Erfahrungen mit dem Erziehungs-Diagnose-Instrument. Pädagogische Forschung 6, 1995, 137–141.

Bohnsack, F.: Schule, wie sie sein könnte...oder sollte. Deutsche Lehrerzeitung 21, 4. Maiausgabe, 1993.

Bussmann, K. D./Horn, W.: Elternstrafen – Lehrerstrafen. In: Bastian, J. (Hrsg.): «Strafe muss sein?». Das Strafproblem zwischen Tabu und Wirklichkeit. Weinheim und Basel: Beltz 1995.

Deutsche Shell (Hrsg.): Jugend 2000. Band 1 und 2. Opladen: Leske und Budrich 2000.

Dreikurs, R./Grunwald, B. B./Pepper, F. C.: Schülern gerecht werden. Verhaltenshygiene im Schulalltag. Weinheim und Basel: Beltz 1983 (3. Aufl.).

Dreikurs, R./Grey, L.: Kinder lernen aus den Folgen. Freiburg: Herder 2000.

Eder, F.: Kindheit – Jugend – Schule. Veränderte soziale Bezüge: neue Aufgaben der Schule? In: Altrichter, H. u. a. (Hrsg.): Handbuch zur Schulentwicklung. Innsbruck und Wien: Studien-Verlag 1998.

Feibel, T. Kindersoftware-Ratgeber 2000. München: Markt & Technik 2000.

Frankl, V. E.: Logotherapie und Existenzanalyse. Weinheim: Psychologie Verlags-Union 1998.

Frey, K.: Effekte der Computernutzung im Bildungswesen. Ein Resümee des heutigen empirischen Wissenstandes. Zeitschrift für Pädagogik 35, 1989, 637–656.

Graf, C.: Kritische Anmerkungen zur Krise der Arbeitsgesellschaft. Anhand Martin Baethges Hypothese des subjektzentrierten Arbeitsverständnisses. URL: http://socio.ch/arbeit/t_cgraf1.htm [Stand 23.4.1999].

Haarmann, D. (Hrsg.): Wörterbuch Neue Schule. Die wichtigsten Begriffe zur Reformdiskussion. Weinheim und Basel: Beltz 1998.

Hage, K. u. a.: Das Methoden-Repertoire von Lehrern. Opladen: Westdeutscher Verlag 1985.

Haynes, N. M./Comer, J. P./Hamilton-Lee, M./Boger, J./Joyner, E.: Differences among high, average and low high school achievers on the Learning and Study Strategies Inventory. Educational and Psychological Research, 7, 1987, 65–71.

Heckhausen, H.: Motivation und Handeln. Heidelberg und Berlin: Springer 1989 (2. Aufl.).

Hitzler, W./Keller, G.: So lerne ich richtig. Lerntechniken für Grundschüler. Donauwörth: Auer 1999 (3. Aufl.).

Ingleheart, R.: Modernismus und Postmodernismus. Kultureller, wirtschaftlicher und politischer Wandel in 43 Gesellschaften. Frankfurt: Campus 1998.

IFS-Schulbarometer. Ein mehrperspektivisches Instrument zur Erfassung von Schulwirklichkeit. Dortmund: Institut für Schulentwicklungsforschung IFS – Verlag 2000 (6. Aufl.).

Jugendwerk der Deutschen Shell (Hrsg.): Jugendliche und Erwachsene '85. Generationen im Vergleich. 5 Bände. Hamburg 1985.

Jünger, W.: Schulunlust. Messung, Genese, Intervention. Frankfurt: Lang 1988.

Keller, G.: Das Klagelied vom schlechten Schüler. Eine aufschlussreiche Geschichte der Schulprobleme. Heidelberg: Asanger 1989.

Keller, G.: Lernförderung in der schulpsychologischen Beratung. In: Mandl, H. / Friedrich, H. F. (Hrsg.).: Lern- und Denkstrategien. Analyse und Intervention. Göttingen: Hogrefe 1992.

Keller, G.: Das Lern- und Arbeitsverhalten leistungsstarker und leistungsschwacher Schüler. Psychologie in Erziehung und Unterricht, 40, 1993, 125–129

Keller, G.: Der Lernknigge. Für Jugendliche und junge Erwachsene. Bad Honnef: Bock 1994 (2. Aufl.).

Keller, G.: Lernen will gelernt sein! Ein Lerntraining für Schüler. Wiesbaden: Quelle & Meyer 1998 (6. Aufl.).

Keller, G.: Lehrer helfen lernen. Lernförderung, Lernhilfe, Lernberatung. Donauwörth: Auer Verlag 1999 a (5. Aufl.).

Keller, G.: Lern-Methodik-Training. Für die Klassen 5–10. Göttingen: Hogrefe 1999 b.

Keller, G./Katzer, G.: Lernen – Denken – Entspannen. Übungen zur Förderung des Lernverhaltens. Mit 84 Kopiervorlagen. Donauwörth: Auer Verlag 2000 (2. Aufl.).

Keller, G./Thewalt, B.: So helfe ich meinem Schulkind. Erziehungs- und Lernhilfen für die erstem Schuljahre. Heidelberg und Wiesbaden: Quelle & Meyer 1994 (2. Aufl.).

Keller, G./Hafner, K./Guderlei, J.: Schulstart Sekundarstufe. Förderung des Lern- und Sozialverhaltens. Mit 22 Kopiervorlagen. Donauwörth: Auer 1997 (2. Aufl.).

Kifer, E.: Relationships between academic achievement and personality characteristics: A quasi-longitudinal study. American Educational Journal 12, 1975, 191–210.

Knölker, U.: Das antriebsschwache Schulkind. Münchner Medizinische Wochenschrift 21, 1987, 405–408

Kretschmer, I. F.: Problemlösendes Denken im Unterricht. Lehrmethoden und Lernerfolge. Frankfurt: Lang 1983.

Kulik, C. L. C./Kulik, J. A.: Effectiveness of computer-based instruction: An updated analysis. Computers in Human Behavior, 7, 1991, 75–94.

Leitner, S.: So lernt man lernen. Freiburg, Basel, Wien: Herder 1991 (16. Aufl.).

Leutner, D.: Programmierter und computerunterstützter Unterricht. In: Rost, D. H.: Handwörterbuch Pädagogische Psychologie. Weinheim und Basel: Beltz 1998.

Neisser, U. (Ed.): The Rising Curve: Long Term Gains in IQ and related Measures. Washington: American Psychological Association 1998.

Nolting, H. P./ Paulus, P.: Pädagogische Psychologie. Stuttgart: Kohlhammer 1992.

Oerter, R.: Motivation und Handlungssteuerung. In: Oerter, R./Montada, L. (Hrsg.): Entwicklungspsychologie. Weinheim und Basel: Beltz 1998 (4. Aufl.).

Rheinberg, F./Krug, S.: Motivationsförderung im Schulalltag. Göttingen: Hogrefe 1993.

Rogge, J. U.: Eltern setzen Grenzen. Reinbek: Rowohlt 1997.

Roth, H.: Pädagogische Psychologie des Lehrens und Lernens. Hannover: Schroedel 1983 (16. Aufl.).

Rutter, M.: Fünfzehntausend Stunden. Schulen und ihre Wirkung auf Kinder. Weinheim und Basel: Beltz 1980.

Schenk-Danzinger, L.: Entwicklungspsychologie. Wien: Österreichischer Bundesverlag 1988 (20. Aufl.).

Schwarzer, C.: Gestörte Lernprozesse. Analyse von Lernschwierigkeiten im Schulsystem. München, Wien, Baltimore: Urban & Schwarzenberg 1980.

Sprenger, R. K.: Mythos Motivation. Wege aus einer Sackgasse. Frankfurt und New York 1997 (13. Aufl.).

Steinhausen, H. C.: Psychische Störungen bei Kindern und Jugendlichen. Lehrbuch der Kinder- und Jugendpsychiatrie. München, Wien, Baltimore: Urban & Schwarzenberg 1988.

Tausch, R./Tausch, A. M.: Erziehungspsychologie. Begegnung von Person zu Person. Göttingen: Hogrefe 1998 (11. Aufl.).

Thiel, R. D./Keller, G./Binder, A.: Arbeitsverhaltensinventar AVI. Braunschweig: Westermann 1979.

Veroff, J.: Social comparison and the development of achievement related motives in children. New York: Russel Sage Foundation 1969.

Wang, H. C./Haertel, D./Walberg, H. J.: What helps students learn? Educational Leadership, December 1993 / January 1994, 74-79.

Weinstein, C. E.: Learning and Study Strategies Inventory. Clearwater: H & H Publishing Company 1987.

Ziehe, T.: Pubertät und Narzissmus. Frankfurt: Europäische Verlagsanstalt 1981 (4. Aufl.).

10. Anhang

10.1 Motivationstipps für Lehrerinnen und Lehrer

- Loben Sie Ihre Schülerinnen und Schüler für Leistungsfortschritte und positives Verhalten. Loben Sie nicht pauschal, sondern individuell. Das heißt, heben Sie das Besondere der Leistung hervor. Loben Sie nicht bei jeder Gelegenheit, sondern in Intervallen.
- Verwenden Sie Tadel und Strafen sparsam. Drücken Sie Ihre Kritik so aus, dass die Schülerinnen und Schüler in ihrem Ehrgefühl nicht verletzt werden.
- Verdammen Sie Schülerinnen und Schüler in Misserfolgssituationen nicht. Vermeiden Sie Bloßstellungen. Selbstvertrauen und Leistungsbesserungen können letztlich nur durch Ermutigung und helfende Zuwendung entstehen.
- Verwöhnen Sie Ihre Schülerinnen und Schüler nicht. Muten Sie Ihnen den Aufschub von Bedürfnissen zu. Verwechseln Sie aber diese Entwicklungsaufgabe nicht mit Kasteiung.
- Seien Sie vorsichtig bei der Zuschreibung von Leistungsursachen. Vermeiden Sie es, Schülerinnen und Schülern zu sagen, ihr Misserfolg sei die Folge von Begabungsmängeln. Haben Schülerinnen und Schüler Erfolg, schreiben Sie diesen der Anstrengung oder den Fähigkeiten zu, nicht aber dem Zufall oder der Leichtigkeit der Aufgabe.
- Setzen Sie die Leistung einzelner Schülerinnen und Schüler nicht nur zur Durchschnittsleistung der Klasse in Beziehung, sondern auch zur bisherigen individuellen Leistung. Hat ein Lernschwieriger zwar noch keine gute Note geschrieben, sich aber im Vergleich zu früher verbessert, loben Sie ihn dafür.
- Damit Schülerinnen und Schüler in der täglichen Anstrengung einen Sinn sehen lernen, zeigen Sie ihnen immer wieder den Zusammenhang zwischen kurzfristigen Lernzielen und langfristigen Lebenszielen auf.

- Überlegen Sie bei der Unterrichtsplanung intensiv, wie die Weckwirkung von Spannung, Entdeckung und Neugier erzeugt werden kann.
- Gewähren Sie im Unterricht genügend Gelegenheit zum selbsttätigen Lernen. Nur so lässt sich das Energiepotential vieler Kinder und Jugendlicher sinnvoll umsetzen.
- Gestalten Sie den Schwierigkeitsgrad Ihrer Stoffdarbietung so, dass weder Überforderung noch Unterforderung entstehen.
- Informieren Sie ihre Schülerinnen und Schüler stets über das, was Sie mit ihnen gemeinsam erreichen wollen. Bewältigen Sie den Stoff nach dem Prinzip der schrittweisen Zielerreichung. Verknüpfen Sie die Zielerreichung mit Anreizen.
- Sorgen Sie dafür, dass sich die Schülerinnen und Schüler bei Ihnen wohlfühlen. Führen Sie mit Einzelnen und der Klasse Befindensgespräche. Der kurzfristig höhere Zeitaufwand zahlt sich langfristig durch ein besseres Lern- und Beziehungsklima aus.
- Versuchen Sie mit ihren Kolleginnen und Kollegen im Klassenteam einen pädagogischen Grundkonsens zu erreichen. Ziehen Sie an einem Strang, wenn es um elementare Ziele und Methoden des Erziehens und Unterrichtens geht.
- Pflegen Sie guten Kontakt zum Elternhaus. Sprechen Sie mit den Eltern von Problemschülern, bevor es zu spät ist. Erläutern Sie den Eltern Ihr Erziehungskonzept. Streben Sie auch hier einen pädagogischen Grundkonsens an.
- Appellieren Sie nicht nur an Ihre Schülerinnen und Schüler, dass sie lernen sollen, sondern zeigen Sie ihnen auch, wie sich das Lernen erleichtern und verbessern lässt. Die Vermittlung von Lern- und Arbeitstechniken wird von Schülerinnen und Schülern als hilfreich erlebt.

10.2 Motivationstipps für Eltern

- Nehmen Sie Ihrem Kind nicht das ab, was es bereits selbst tun kann. Ermutigen und ermuntern Sie es frühzeitig zur Selbsttätigkeit und Selbstständigkeit.
- Vermeiden Sie den Erziehungsfehler der Verwöhnung. Überschütten Sie Ihr Kind nicht mit einem Übermaß an seelischer und materieller Zuwendung. Achten Sie auf das Gleichgewicht von Geben und Nehmen. Muten Sie dem Kind auch das Aushalten von Bedürfnisspannungen zu.
- Loben Sie Ihr Kind für positives Verhalten und Leistungsfortschritte. Loben Sie nicht pauschal, sondern drücken Sie das aus, was Ihnen besonders gefällt.
- Hat Ihr Kind Erfolg, sagen Sie ihm, dass dies mit seiner Anstrengung oder seiner Fähigkeit zu tun hat. Führen Sie die Ursache der guten Note nicht auf den Zufall oder auf den geringen Schwierigkeitsgrad der Klassenarbeit zurück.
- Scheuen Sie sich nicht vor Kritik. Auch Ihr Kind braucht eine ehrliche Rückmeldung. Wenn Sie berechtigte Kritik üben, so achten Sie darauf, dass sein Ehrgefühl nicht verletzt wird. Unterscheiden Sie immer zwischen der Kritik am Verhalten und der Kritik an der Person.
- Scheuen Sie sich auch nicht davor, Erwartungen zu äußern und Gütemaßstäbe zu vermitteln. Achten Sie beim Fordern darauf, dass Ihre Leistungserwartungen dem Alter und den Fähigkeiten des Kindes angemessen sind.
- Erarbeiten Sie als Ehepartner eine Übereinkunft darüber, was Sie von Ihrem Kind leistungsmäßig erwarten. Und ziehen Sie bei der Umsetzung Ihrer Erwartungen an einem Strang.
- Regen Sie Ihr Kind kulturell an. Wecken Sie seine Neugier. Sorgen Sie für ein aktives Freizeitleben. Setzen Sie dem Medienkonsum Grenzen. Verhindern Sie, dass Ihr Kind ein Glotzer wird.
- Vermeiden Sie pauschale Leistungsappelle. Wenn Ihr Kind Leistungsschwierigkeiten hat, überprüfen Sie mit ihm die Lerntechnik

und zeigen Sie ihm Methoden, mit denen sich das Lernen erleichtern und verbessern lässt (siehe Keller, G.: Lernen will gelernt sein! Quelle & Meyer Verlag 1998).

- Unterstützen Sie die Sinnsuche Ihres Kindes. Tun Sie sein Nachdenken über die Zukunft nicht als Phantasterei ab. Seien Sie froh über jedes Ziel, das eine positive Zugkraft ausübt.

10.3 Motivationstipps für Schülerinnen und Schüler

- Schiebe das, was du lernen musst, nicht auf. Tu's gleich! Der Ärger, den du später mit dem aufgeschobenen Lernstoff hast, ist sicherlich unangenehmer als die momentane Unlust.
- Wärme dich vor dem Lernstart auf. Räume den Arbeitsplatz auf. Beseitige das, was dich ablenken könnte. Atme tief ein und aus. Spanne deine Hände, Arme und Beine fest an und lass sie nach 10 Sekunden wieder los.
- Setze dir Ziele. Dabei kann dir ein kleiner Lernplan, auf dem geschrieben steht, was du erreichen möchtest, nützlich sein. Unterscheide dabei zwischen Muss- und Kannzielen. Hake ab, was du erledigt hast.
- Bewältige größere Lernaufgaben wie Klassenarbeiten und Facharbeiten nach dem Prinzip der schrittweisen Zielereichung. Fange frühzeitig an und bewältige den Weg in Etappen.
- Belohne dich für die Erledigung von Lernaufgaben beziehungsweise für das Erreichen von Zielen mit angenehmen Freizeittätigkeiten.
- Hast du eine gute Note erhalten, so werte diese nicht ab, indem du sie auf den Zufall oder auf die Leichtigkeit der Aufgaben zurückführst. Betrachte sie als Lohn deiner Anstrengung oder als Beweis deiner Fähigkeit.
- Vermeide es, zu lange an einem Stoff zu lernen. Wirke der Übersättigung entgegen, indem du eine Pause einlegst oder einen anderen Lernstoff dazwischenschiebst.
- Sage nie vorschnell, dass du ein Fach oder ein Stoff nicht magst. Wenn du genauer nachdenkst, wirst du etwas finden, was dich interessiert oder neugierig macht.
- Informiere dich früh über Berufsziele und Weiterbildungsmöglichkeiten. Zielorientierungen üben auf das Lernverhalten eine wichtige Zugkraft aus.

10.4 Leitfaden für Motivationsgespräche

- Wie gefällt es dir in der Schule?
- Wie gerne lernst du?
- Was willst du werden?
- Was machst du in deiner Freizeit?
- Welchen Sinn siehst du in der Schule?
- Wer oder was treibt dich zum Lernen?
- Wie reagieren die Eltern, wenn du nicht lernen willst?
- Wie reagieren die Lehrer auf deine Lernunlust?
- Gibt es Ausnahmen von der Regel, dass du nicht gerne lernst?
- Was ist dann anders?
- Wie könnte man die Ausnahmen zur Regel machen?
- Was müssten die Eltern tun, dass du lieber lernst?
- Was müsste die Schule tun, dass du lieber lernst?
- Was müsstest du tun?
- Wie sehen die Schritte zu diesem Ziel aus?
- Wann können wir über deine Erfahrungen sprechen?

Gustav Keller

Fit im Beruf

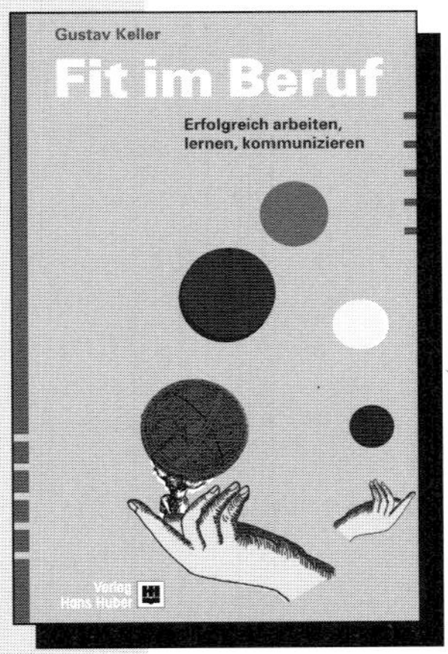

Erfolgreich arbeiten, lernen, kommunizieren

2000. 130 Seiten, 4 Abb., Kt
DM 34.80 / Fr. 31.30 / öS 254.– / € 17.79
(ISBN 3-456-83485-3)

Geht es Ihnen auch so: Eigentlich macht Ihnen die Arbeit im Beruf Spaß, aber manchmal wächst Ihnen alles über den Kopf. Dieses Buch möchte Ihnen helfen, Ihr persönliches Arbeitsverhalten zu verbessern und weiterzuentwickeln. Es enthält zahlreiche praxiserprobte Hilfen zur Selbstmotivation, zur Zeitplanung, zur Arbeitsplatzgestaltung, zum Merken, Konzentrieren, rationellen Lesen und Problemlösen, zur beruflichen Kommunikation und Kooperation, zur Stressbewältigung sowie zur Sinnfindung.
Die Leserinnen und Leser arbeiten das Buch so durch, als würden sie an einem Trainingsprogramm teilnehmen. Sie stellen fest, wo ihre Stärken und Schwächen liegen. Aufbauend darauf wählen sie Techniken und Tipps aus jenen Bereichen aus, in denen sie momentan Probleme haben. Diese werden in ein persönliches Änderungsprogramm eingefügt, das kontinuierlich in den Berufsalltag umgesetzt wird.

Die Preisangaben in öS gelten für Österreich als «unverbindliche Preisempfehlung».

http://Verlag.HansHuber.com

Verlag Hans Huber
Bern Göttingen Toronto Seattle